El Chapo
El señor del gran
poder

1ª EDICIÓN: FEBRERO, 2012

EL CHAPO, EL SEÑOR DEL GRAN PODER

D.R. © 2012, COMUNICACIÓN E INFORMACIÓN S.A. DE C.V.
D.R. © GIRON BOOKS

AGENTE EDITORIAL PARA EU: CARLOS J. MATALLANA
2141 W. 21ST STREET CHICAGO ILLINOIS 60608

WWW.GIRONBOOKS.COM

ISBN:

El Chapo

El señor del gran
poder

RAFAEL RODRÍGUEZ CASTAÑEDA

COORDINADOR

Índice

CAPÍTULO 7:
EL PROTEGIDO

Prólogo

Nacido en Sinaloa, donde históricamente tienen sus raíces los principales cárteles del narcotráfico mexicano, Joaquín Guzmán Loera se ha vuelto un arquetipo de los capos del crimen organizado en nuestro país en los tiempos modernos. Discreto en su vida personal y familiar, los testimonios disponibles lo muestran como hombre agradecido con su tierra y con su ámbito social. Lo menos que se dice de él en Badiraguato y sus alrededores es que *El Chapo* es generoso con los suyos y sabe corresponder, de igual manera, favores, silencios y lealtades.

Eso no bastaría, sin embargo, para convertirlo en lo que es: una especie de héroe mítico en las agrestes zonas serranas del noroeste de México.

El *Chapo* es, sobre todo, exitoso. Es el líder indiscutible del cártel del narcotráfico más poderoso del país y ante el declive de las grandes mafias colombianas, sin duda uno de los más extendidos del mundo. En el ámbito criminal no se puede aspirar a ser grande si no se desafía a la autoridad y si no se tienen, en la misma autoridad, cómplices o complacencias. Guzmán Loera ha demostrado ambas cualidades. Su fuga del penal de Puente Grande en 2001 es sólo una muestra dorada.

Además no sabe y no le gusta perder. A su escape de prisión, donde permaneció ocho años, convocó a los capos que le eran leales y estableció objetivos claros: la expansión del cártel de Sinaloa a todo el territorio nacional y más allá de las fronteras y el fin de los cárteles rivales: el de Juárez, con los Carrillo a la cabeza; el de Tijuana, de los Arellano Félix; y el de *Los Zetas*, derivación del cártel del Golfo... Tras la extradición de Osiel Cárdenas, este último poco a poco se ha ido plegando a las órdenes de Guzmán Loera y de su compadre y segundo de a bordo, Ismael *El Mayo* Zambada...

La historia de *El Chapo* Guzmán está en permanente evolución. Durante los gobiernos panistas tuvo las facilidades necesarias para convertirse en una versión mejorada de los narcoempresarios tipo Colombia. Con tanta fortuna que, insólitamente, la revista *Forbes* lo ha colocado en su tradicional lista de los hombres más ricos del mundo. Pero en la actualidad *El Chapo* Guzmán es una apetecible pieza electorera tanto en México como en Estados

Unidos. Su captura o eliminación podría ser un espectacular golpe para los gobiernos tanto de Felipe Calderón como de Barack Obama. Hay versiones confiables de que si los líderes del cártel de Sinaloa no están cercados, sí están en condiciones de serlo en alguna fecha más o menos cercana...

Por lo pronto, con base en reportajes, entrevistas y crónicas publicadas en **Proceso** a lo largo de más de dos décadas, en este libro ofrecemos una suerte de película sobre el origen, encumbramiento y fragmentos de la azarosa vida de *El Chapo* Guzmán, a quien allá en las montañas de Sinaloa se conoce como *El Señor del Gran Poder,* y a quien el Departamento del Tesoro de Estados Unidos describe, textualmente, como "el narcotraficante más poderoso del mundo".

Rafael Rodríguez Castañeda

EN SUS
DOMINIOS

27 de marzo de 2005

Sinaloa:
El reino del narco

Alejandro Gutiérrez

BADIRAGUATO, SIN.- Se alude a ellos con la afectuosa expresión de "paisanos" y son vistos como benefactores. "Ellos son gente buena... son los únicos que nos ayudan", dice un lugareño. Antihéroes que cuentan con las simpatías de mucha gente, sus apellidos encabezan los principales cárteles del narcotráfico en México: se trata de los Caro Quintero, los Fonseca, los Guzmán Loera, los Quintero Payán, los Palma, quienes gozan aquí de un gran respeto.

"Esperamos más de ellos que del gobierno", dice la señora Ernestina en el patio de su casa en Santiago de los Caballeros, ranchería donde nació Ernesto *Don Neto* Fonseca, quien en el penal de máxima seguridad de La Palma purga una sentencia por delitos contra la salud y a quien se acusó de haber participado en el homicidio del agente de la fuerza antidrogas de Estados Unidos (DEA) Enrique Camarena Salazar, en febrero de 1985.

De hecho, hace tres semanas el nombre de Badiraguato cruzó nuevamente las fronteras cuando se difundió un cartel con fotografías privadas de Joaquín El Chapo Guzmán, en las que se veía al capo bailando en una fiesta, divirtiéndose con su gente en una ranchería de El Vallecito, lugar al que posteriormente arribaron las fuerzas especiales del Ejército y aseguraron una computadora en la que encontraron las imágenes del capo, por quien la DEA ofrece una recompensa de 5 millones de dólares.

"Aquí ya se sabía que El Chapo andaba por estos rumbos", confía un lugareño.

–¿Cómo lo ven ahora que salieron los carteles con su foto? ¿Qué piensan de él?

–Pues todo mundo dice: "Pobre, a ver si no lo atrapan" –responde el hombre.

A raíz de la detención de Iván Archivaldo Guzmán Díaz, hijo de El Chapo Guzmán, el 13 de febrero de 2005, la PGR intensificó su búsqueda. Según versiones de las autoridades el narcotraficante está copado, por lo que su detención podría ser inminente.

Meca de gomeros y, posteriormente, de moteros, porque la tierra es pródiga con los cultivos de amapola y mariguana, este municipio –el segundo en extensión de Sinaloa– también es la cuna de buena parte de los capos mexicanos y fue el escenario principal de la controvertida Operación Cóndor del Ejército, que acabó con sembradíos, costó vidas y obligó a los narcos a emigrar a Jalisco a principios de los ochenta.

En las 457 comunidades que conforman el municipio, ubicado en el corazón del Triángulo Dorado del narcotráfico, el cultivo y el trasiego de drogas se ven bajo una óptica distinta: se destacan los beneficios que reciben y se minimizan los efectos del tráfico y el consumo.

"Ellos son gente buena. El problema es que cuando los agarra (detiene) el Ejército, los pueblos se caen, porque la verdad son los únicos que nos ayudan", dice a los enviados Rigoberto Inzunza, comisario ejidal de Santiago de los Caballeros, desde cuya casa se domina todo el poblado.

Los relatos que aquí se cuentan revelan la singular relación que los habitantes del municipio guardan con estos personajes.

Un ejemplo: poco antes de caer preso, el jefe de uno de los cárteles le entregó las llaves de un vehículo último modelo a quien fuera su maestro de primaria, en agradecimiento porque en sus días de escuela había sido muy feliz. El narrador le pide a los enviados omitir los nombres de los protagonistas.

La ley de los *chacas*

Aunque en algunos lugares de la región pueden verse destacamentos militares, en la mayor parte de la misma se percibe una ausencia total de autoridad, como si se tratara de una zona de excepción. Fue aquí donde el Ejército descubrió que su LXV Batallón de Infantería, acantonado en Guamúchil, se había corrompido y cuidaba sembradíos de enervantes, debido a lo cual el general Gerardo Clemente Vega García, titular de la Secretaría de la Defensa Nacional, desapareció dicho cuerpo militar.

"Es una tierra montañosa, con sus propias reglas y segura... a pesar de que casi en todas las casas hay armas de fuego", explica un hombre originario de este municipio, entrevistado en Culiacán.

"Claro, Badiraguato es seguro, siempre y cuando entres con permiso y en compañía de gente del municipio", precisa.

–¿De lo contrario?

–De lo contrario, en la primera ranchería te salen hombres armados que te impiden seguir –dice el entrevistado, quien reconoce que otra regla fundamental es "el silencio y la discreción... son el seguro de vida", y por eso pide permanecer en el anonimato, como casi todos aquí.

–Entonces, ¿la autoridad no pone las reglas?

–No. No. Son los *chacas* los que ponen las reglas y los que castigan a los suyos –dice en referencia a los jefes de los cárteles, como Guzmán Loera, Ismael *El Mayo* Zambada y la familia Quintero, entre otros, o bien a los lugartenientes de éstos en la zona, quienes controlan la producción para estas organizaciones.

–¿Pero si esos jefes están en guerra en el país, cómo conviven aquí?

–Si yo soy de una ranchería que trabaja para *El Chapo* Guzmán –Joaquín Guzmán Loera– y otra ranchería trabaja para los Carrillo, nada más no te metas conmigo y yo no me meto contigo. Eso no quiere decir que no llegue a haber *carraqueo* (tiroteo con fusiles de alto poder).

"Prácticamente todos están enganchados a un *chaca*", dice otro hombre consultado en Badiraguato, quien agrega que muchos jóvenes de esta zona, así como de Chihuahua y Durango, se "enganchan" como pistoleros de las organizaciones, como ocurre con los muchachos que pelean en el bando de *El Chapo* Guzmán en Nuevo Laredo.

–¿Sabes manejar armas? –se le pregunta al entrevistado, quien apenas rebasa los 25 años.

–Yo sí. Todos. Mira, aquí a los seis, siete u ocho años te enseñan a usar armas y conoces de todas... hasta un *cuerno* (de *chivo*, como se les llama a los fusiles AK-47) –explica.

Con una población de alrededor de 50 mil habitantes, Badiraguato ha sido gobernado tradicionalmente por el Partido Revolucionario Institucional mediante el control político de Octavio Lara Salazar. Durante el periodo 2001-2004, María Lorena Pérez Olivas, la primera mujer en alcanzar la presidencia municipal, rompió con él, aunque con la llegada del nuevo alcalde, Antonio López, Lara retomó el control.

En lo que a riesgos y diferencias se refiere, en esta tierra nadie se encuentra a salvo y menos aún los políticos. La excandidata a diputada federal por el Partido de la Revolución Democrática, Adela *La Prieta* Elenes, sufrió un atentado luego de denunciar el homicidio de su hermano Humberto Elenes Araujo, cuyo cuerpo fue encontrado con signos de tortura el 12 de mayo de 2003, 11 días después de su desaparición en El Potrero de Sataya.

A la abanderada perredista la *carraquearon* (emboscaron) en el poblado Pericos, del municipio de Mocorito, el 2 de noviembre de ese año, al salir de un sepelio. En el atentado murieron uno de sus escoltas y un vecino del lugar.

Guiados por elementos de la Dirección de Seguridad Pública Municipal de Badiraguato, en un vehículo oficial, los enviados recorrieron la ruta Santiago de los Caballeros, La Noria, Babunica y Bamopa.

Los mapas registran, a partir de la cabecera municipal, una carretera trazada a través de la Sierra Madre Occidental que se extiende hasta Hidalgo del Parral, Chihuahua, pero ésta no existe. En realidad los caminos son brechas de terracería que en algunos puntos obligan a transitar por el lecho de los arroyos que atraviesan gran parte de este municipio serrano.

En ciertos tramos del trayecto se percibe el olor a mariguana, porque ya es la época de la cosecha. De día por el camino no transitan muchos vehículos, pero por la tarde, cuando comienza a oscurecer, se intensifica el tráfico de camionetas de una tonelada o Thorton que se internan en la zona montañosa.

Los enviados ingresaron a rancherías como Santiago de los Caballeros –lugar de nacimiento de Ernesto Fonseca–, La Noria –donde nacieron Rafael y Miguel Ángel Caro Quintero–, Babunica –terruño del patriarca de los Quintero, Emilio Quintero Payán y de su hermano Juan José– y Bamopa –donde yacen los restos del revolucionario Valente Quintero–.

Bonifacio Osorio Quintero es primo hermano del ya fallecido Emilio y de Juanjo Quintero Payán –detenido en Guadalajara como operador de Amado Carrillo– y tío de Rafael Caro Quintero. Durante los últimos 10 años, Bonifacio ha sido comisario ejidal de Babunica y el principal promotor de "la obra" de sus parientes: construcción del camino, introducción de la energía eléctrica, del agua potable, construcción de pozos, casas, la plazuela, la iglesia y el kiosco...

Nos muestra el colosal mausoleo que guarda los restos de Emilio, quien murió en un enfrentamiento con la policía en Ciudad Satélite, Estado de México, el 29 de abril de 1993.

Es una construcción blanca con retoques azules que sobresale por encima de todas las edificaciones del pueblo. Minutos antes Osorio responde a una llamada telefónica. Le informa a su interlocutor de la presencia de los enviados, tal y como ocurrió en todas las rancherías a las que llegaban.

El mausoleo tiene tres niveles. En el primero descansan el capo y su madre. Una fotografía de Emilio Quintero y su caballo adorna el sitio. "A ese caballo lo adoraba, porque lo montaba y el animal de inmediato bailaba. En una ocasión unos chamacos asustaron al animal que cayó y se mató, por ello mi primo ordenó que lo enterraran como si fuera una persona", cuenta.

Desde la parte superior del mausoleo se observa una base de cemento, en un descanso de una cañada a la orilla del pueblo. Ahí se pensaba instalar una réplica del Cristo de Corcovado de Río de Janeiro, pero "con la muerte de Emilio Quintero quedó inconcluso".

Como todos los oriundos de esta tierra, Bonifacio jamás se refiere directamente al cultivo y tráfico de drogas. Sus declaraciones están codificadas dentro de los "valores entendidos" en la zona. Así, explica que "Emilio (Quintero) sí trabajaba y trabajaba en grande, por eso le fue bien. A su familia le dejó mucho dinero; creo que nadie se imaginaba qué tanto".

Aunque su familia cercana vive fuera de Babunica, la viuda de Emilio Quintero acude al pueblo en ciertas fechas, especialmente el día que murió el capo, con piñatas y regalos para los niños.

Para llegar a Babunica –cuyo nombre aparece en el título del narcocorrido de Emilio Quintero: *El barón de Babunica*– desde la cabecera municipal es necesario transitar unos 60 kilómetros por un accidentado camino que pasa por el rancho La Vainilla –que se menciona en otro corrido: *Hijo de tigre, pintito*–, el rancho Guanajuato, Santiago de los Caballeros y La Noria.

–¿Y cómo era su primo? –se le pregunta.

–Le gustaba ayudar a todos. No fue un hombre de bola tapada; por el contrario, era muy derecho. Sí le gustaba echar bala, la verdad, no le digo que no, pero cuando él vivía aquí el pueblo estaba alegre –dice mientras muestra la iglesia del pueblo, que llegó a ser custodiada por hombres armados y hoy es visitada sólo cuando oficia misa un sacerdote que viene desde Culiacán.

–¿Y Rafael Caro Quintero?

–Fíjese: Rafael nunca traía tanto dinero encima, 5 o 10 mil pesos, pero siempre ayudaba. Él metió la energía eléctrica en La Noria. Es una lástima que a esa gente la tengan encerrada, más de 20 años, pues, ¿cuál delito les ha hecho? Yo, la verdad, creo que lo tienen ahí encerrado por pura política –reclama Bonifacio.

La familiaridad con estos personajes es habitual. A 80 kilómetros de la cabecera municipal se encuentra Bamopa, lugar en donde aún se recuerda al extinto Baltazar Díaz Vega, lugarteniente del cártel de Juárez en la época de Amado Carrillo, *El Señor de los Cielos*. "Mi compadrito Balta", lo llama el comisario ejidal del pueblo, Leoncio Ortiz, quien le muestra a los enviados la tumba del subteniente Valente Quintero, quien se batió en duelo con el mayor Martín Elenes en marzo de 1922, suceso que ha sido tema de películas y corridos.

En Bamopa viven alrededor de 70 personas y hay unas 15 casas abandonadas, explica el hijo del patriarca Avelino Ortiz Velarde, un comerciante que ayudó a la población. Son tan pocos habitantes que, asegura el comisario, incluso han dejado de realizar la fiesta de la Virgen del Rosario, festejo en el que participaban matachines, y a la primaria apenas asisten 28 niños.

A su vez, Santiago de los Caballeros –a unos 45 kilómetros de la cabecera– aparece en el accidentado camino con un rasgo distintivo: En la parte alta de una loma sobresalen las cúpulas de los mausoleos del panteón local. Entre estos multicolores monumentos funerarios destaca el descuidado mausoleo de Ernesto Fonseca. "Ahí quiere que queden sus restos", les dice un lugareño a los enviados.

En medio de la ranchería, de unas 50 casas, está la iglesia que mandó construir Fonseca, exjefe del cártel de Guadalajara.

"Mucha gente se ha ido del pueblo, ya hay muchas casas vacías. Se van a Estados Unidos, Culiacán, a otros lugares", dice el comisario ejidal Rigoberto Inzunza.

Añade: "Pero la gente regresa regularmente el Día de Muertos, para las fiestas de Navidad, Semana Santa y el 25 de julio, que es día de Santiago. Son las fechas que obligan a muchos a volver".

Muy cerca de La Noria los enviados encuentran una construcción cuyo perímetro ha sido enrejado: se trata del mausoleo de la familia Caro Quintero. En el pueblo sobresale la finca de Rafael Caro Quintero. Desde el exterior se observa una arboleda que adorna las cúpulas de la capilla.

A los enviados se les niega el permiso para entrar, pero quienes la conocen relatan que hay bancas de herrería –similares a las de los parques– que son regalos especiales: "Para Rafael Caro Quintero de su compadre Juan José Esparragoza Moreno", narcotraficante conocido como *El Azul*.

Capítulo 1

11 de abril de 2010

Durango:
Una pesada presencia

Patricia Dávila

DURANGO, DGO.- Al candidato del presidente Calderón a la gubernatura de Durango, José Rosas Aispuro Torres –"descendiente de la misma rama familiar que Emma Coronel Aispuro", con quien según testimonios se casó *El Chapo* Guzmán–, no le causa molestia el vínculo familiar que se le atribuye con uno de los hombres más buscados por la DEA, que ofrece 5 millones de dólares a quien conduzca hasta el capo.

Registrado en febrero pasado como candidato a gobernador por la coalición Lo que Nos Une es Durango –integrada por el PAN, el PRD y Convergencia– después de haberse reunido con el presidente de la República, José Rosas Aispuro Torres nació en el poblado de Amacuable, municipio de Tamazula. De esta misma región son originarios Blanca Estela Aispuro Aispuro e Inés Coronel Barrera, padres de Emma, quien el 2 de julio de 2007, según diversos testigos, se convirtió en la esposa del capo, prófugo desde el 19 de enero de 2001, cuando escapó del penal federal de Puente Grande, Jalisco (**Proceso** 1609).

De acuerdo con algunas versiones, El Chapo Guzmán se estableció desde aquel entonces en La Angostura, localidad que, perteneciente al municipio de Canelas, colinda con Tamazula. Fue allí, en La Angostura, donde conoció a Emma a finales de 2006.

El municipio de Tamazula incluye una parte del Triángulo Dorado del Narcotráfico –integrado por Durango, Sinaloa y Chihuahua–, conocido así por su elevada producción de mariguana y amapola, además de colindar con La Tuna, poblado de Badiraguato, Sinaloa, tierra natal de del Chapo Guzmán.

El control del capo sobre los municipios de Tamazula y Canelas es tal que en este último, tierra del candidato de la coalición electoral, el cártel de Sinaloa instaló un laboratorio que, por su estructura y complejidad, puede ser uno de los más grandes y sofisticados del mundo.

El 5 de agosto de 2009, en la comunidad de Las Trancas, el narcolaboratorio ocupaba 240 hectáreas. Albergaba 164 tambos de 200 litros de capacidad, con productos químicos utilizados para procesar ice y crystal además de 10 toneladas de mariguana. Había cuatrimotos, camionetas pick-up y retroexcavadoras; armas como AK-47; equipos de telefonía celular, radios de intercomunicación y servicios de internet satelital. El área disponía de cocina, lavandería, frigobar, sistema de ventilación, red eléctrica, casas-habitación y una residencia para el jefe del complejo, según datos de la X Zona Militar, ubicada en Durango.

En dicho municipio también nacieron María del Rosario Calderón y José Isabel Vizcarra Rodríguez, padres de Jesús Vizcarra Calderón, actual precandidato del PRI a gobernador por el estado de Sinaloa, a quien los servicios de inteligencia del gobierno federal investigan por sus presuntos vínculos con Ismael El Mayo Zambada, segundo en el mando del cártel de Sinaloa (**Proceso** 1744).

Además fue en el mismo estado de Sinaloa donde el hoy candidato por la coalición de Durango, José Rosas Aispuro Torres, fungió –entre los múltiples cargos que ha tenido dentro del PRI– como delegado estatal del CEN, de 2007 a 2008.

"El PRI es de los gobernadores"

En entrevista con **Proceso** realizada el 24 de febrero de 2010, después del registro de la coalición Lo que Nos Une es Durango ante el Instituto Electoral y de Participación Ciudadana de Durango

(IEPCD) –al que asistió acompañado por los presidentes nacionales del PAN, César Nava; del PRD, Jesús Ortega, y de Convergencia, Luis Walton Aburto–, José Rosas Aispuro Torres narra primero los detalles de su renuncia al PRI después de 25 años de militancia, así como de su nueva postulación:

"Decidí participar en la coalición porque el PRI se apartó de los intereses de la gente y prevaleció el interés del grupo en el poder encabezado por el gobernador Ismael Hernández Deras, que quería imponer a sus candidatos. Hubo ofrecimientos de su parte, pero yo no pedía que me regalaran ninguna candidatura, sino que me dejaran participar en igualdad de condiciones. Si perdía, apoyaba al que ganara. En 25 años pude conocer bien el estado, a su gente, sus problemas y si aceptaba sus condiciones, estaría condenado a la sumisión. Tomé la decisión más difícil de mi vida, pero fui congruente con mi proyecto. Por respeto a la gente y por dignidad propia decidí renunciar."

–Habla de diversos ofrecimientos. ¿Cuáles son?

–Me ofrecían espacios en el ámbito legislativo, en el ayuntamiento de Durango o una tarea en el Comité Ejecutivo Nacional del PRI.

–Entonces ¿también estaba de acuerdo la presidenta del CEN, Beatriz Paredes?

–A ella siempre la vi con disposición; sin embargo, ahora, en los estados el PRI es de los gobernadores. En el caso de Durango, está secuestrado por el grupo en el poder; por eso no acepté sus condiciones.

–¿Por qué el interés del gobernador en apoyar a Jorge Herrera Caldera como su sucesor?

–Porque es quien le garantiza que su proyecto se mantenga, no sólo en lo político sino en lo económico. En el primero, porque piensan que ya tienen facturado el estado de aquí a 30 años y que los siguientes gobernadores van a depender de él. Y en lo económico todos sabemos de los grandes negocios que se han hecho en este gobierno.

El *Güero*, como se le conoce en su tierra a José Rosas Aispuro, se niega a precisar cuáles son esos negocios y se limita a mencionar que Hernández Deras, en el sector de la construcción, asigna las obras a gente cercana a él.

El último día de enero de 2010 el duranguense Rodolfo Elizondo Torres –entonces todavía secretario de Turismo– fue enviado a "formalizar" la invitación para postular a José Rosas Aispuro Torres; sin embargo, se trató sólo de un acto protocolario porque en realidad los acuerdos ya los había tomado el CEN del PAN. Elizondo lo catalogó como "el mejor" candidato para disputar la gubernatura de Durango.

Vestido con traje negro y camisa blanca, sin corbata, Rosas Aispuro agrega: "Antes de mi renuncia al PRI, César Nava me llamó en dos ocasiones para proponerme ser el candidato de la coalición". Posteriormente, el mismo Nava promovió una entrevista entre el presidente Felipe Calderón y Rosas Aispuro.

"Se dio el encuentro a finales de enero, cuando acepto la candidatura por la coalición porque, para mí, entrarle a un proyecto de esta naturaleza no sólo implicaba el proyecto de partido, sino el respaldo que pudiera haber. Era necesario saber de qué manera podía coordinarme con el gobierno federal: ver la creación de empleos, el valor agregado a los productos primarios del estado, en fin, darle mi visión del estado y yo, conocer los compromisos del gobierno federal.

"Calderón me dijo que su compromiso es trabajar en dos aspectos: la inseguridad y la industrialización del estado para generar empleos. Para mí eso es bueno, ya que la falta de empleos está llevando a muchas personas a que, sin tener ningún vínculo (con el narcotráfico), se involucren (en él)… Vamos a las colonias, a los ejidos y hay hambre. Hay familias que no tienen para comer tres veces al día y son presa fácil de la delincuencia organizada. A nivel nacional estamos en tercer lugar en muertes por violencia. ¿Cómo condenamos a esa gente si no le damos otra opción?"

En su opinión, la sociedad de Durango espera que la seguridad se resuelva sin que exista presencia del Ejército: "Si lo seguimos exponiendo en las calles puede debilitarse, ya no hay la misma confianza. Haciendo cuentas, entre Durango, Chihuahua y Sinaloa el fracaso de la guerra contra el narcotráfico es contundente. Hoy cualquier persona está dispuesta a hacer cosas que jamás imaginó, hasta sembrar o matar para el narco".

Y continúa: "Yo he visto la inconformidad, la angustia de las autoridades municipales. Los alcaldes pasan buena parte de su tiempo en la capital del estado por temor. Debemos ver qué está pasando, porque no son casos aislados. Asesinaron a los acaldes de Topia, Otáez, Ocampo, a dos expresidentes municipales de San Juan del Río y recientemente al de El Mezquital, y no ha habido ningún resultado en la investigación".

–¿Entonces, en Durango está ganando la guerra el narco?

–Yo creo que sí.

–Si aquí se casa El *Chapo* y el arzobispo de Durango, Héctor González Martínez, afirma que el capo vive más adelante de Guanaceví, colindante con Tamazula, ¿quiere decir que El *Chapo* goza de protección en Durango, algo similar a lo que sucede en Sinaloa, como lo afirma el panista Manuel Clouthier?

–Sí.

–¿Hay coordinación entre los gobiernos estatal y federal en la lucha contra el narcotráfico?

–Yo diría que hay un intercambio de opiniones y de lo que pasa, pero si no hay esa coordinación, lo único que provoca es que este señor... siga viviendo en La Angostura.

–La mamá de Emma es Aispuro y también es de Tamazula. ¿Cuál es el lazo familiar con usted?

–El apellido Aispuro es de origen vasco; es característico de Tamazula. Allí hay apellidos Aispuro Aispuro (como el de la mamá de Emma). El origen familiar es el mismo, aunque a lo mejor el lazo familiar se perdió. No dudo que muchos sí seamos de veras parientes. Si así fuera, no tendría ningún problema en aceptarlo.

–¿Ya hizo contacto con usted gente de alguno de los cárteles?

–Nunca me ha buscado nadie, aunque no dudo que eso pueda ser una realidad; pero en el momento en que yo aceptara una situación de esa naturaleza no tendría calidad moral ni los resultados que espero.

La entrevista se realiza dos días después de que Jorge Herrera Caldera, el candidato del PRI, denunció que fue interceptado por un comando armado.

–¿Ha sido amenazado o interceptado por algún comando?

–No. Y siempre ando solo. No traigo ninguna persona de seguridad; incluso, a veces, yo mismo manejo, usted ya vio...

ENTRE DUELOS
Y GUERRAS

Capítulo 2

14 de agosto de 2005

Contra Osiel Cárdenas, a muerte

Gloria Leticia Díaz

ACAPULCO, GRO.- El asesinato del subdirector operativo de la Policía Ministerial de Guerrero, Julio Carlos López Soto, y el posterior mensaje enviado presuntamente por Antonio Ezequiel Cárdenas Guillén a la gente de Joaquín *El Chapo* Guzmán que opera en este puerto, alertaron sobre el enfrentamiento que desde hace por lo menos año y medio libran los cárteles del Golfo y de Sinaloa en territorio guerrerense.

Los pistoleros de una y otra organización criminal, *Los Pelones* y *Los Zetas*, respectivamente, son los protagonistas de esta guerra que ha dejado por lo menos 40 muertos en lo que va del año en los sitios turísticos más importantes de la entidad, Acapulco y Zihuatanejo, además del reporte de unos 27 tamaulipecos levantados, es decir secuestrados por sicarios del narco.

Ante este escenario de violencia el gobernador Zeferino Torreblanca Galindo –que llegó al poder estatal postulado por el Partido de la Revolución Democrática– en un arranque de sinceridad aceptó su impotencia para combatirla desde su ámbito.

"Ni quiero ni puedo ni tengo que combatir al narcotráfico", es la frase del mandatario que reprodujeron los diarios nacionales el 2 de agosto de 2005 y que le acarreó severas críticas de legisladores, columnistas y comentaristas de medios de comunicación electrónicos.

Ahora, entrevistado por **Proceso** en este puerto, Torreblanca Galindo sostiene: "Lo que dije es que yo solo no puedo combatir al crimen, porque no es mi responsabilidad. No puedo porque no tengo elementos jurídicos. Me toca la colaboración y la prevención. No tiré la toalla, pero necesitamos el apoyo del gobierno de la República, económico, en infraestructura y en materia legal".

De la supuesta irrupción de *Los Zetas*, quienes presuntamente se adjudicaron la ejecución del jefe policiaco, Torreblanca asegura que los datos que le han presentado los encargados de las investigaciones indican que "no es la forma de actuar que (aquéllos) acostumbran". En su opinión, los autores del crimen "tratan de confundir y se trata de imitarlos, pero más allá de que sean *Zetas* o *Pelones*, la realidad es que hay problemas, hechos de sangre y que hay intereses en los que tiene que ver el crimen organizado".

Aun cuando afirma que ya tenía un diagnóstico de las actividades del narcotráfico en el estado, ahora, cuatro meses después de haber asumido el cargo, se ha visto sorprendido por la dimensión que han alcanzado los hechos de violencia ligados con las luchas intestinas del narco.

Historia sangrienta

Los antecedentes acerca de los grupos de sicarios que pelean la plaza de Acapulco se remontan a 2001, cuando capos locales fueron desplazados a raíz de la muerte de Abel Arizmendi, cabeza del cártel del 30, quien fue torturado y ejecutado junto con su hijo del mismo nombre. Fue entonces cuando llegaron a Guerrero células del cártel de Juárez, primero, y después del de Sinaloa en calidad de aliadas.

En 2002, meses después de la fuga del *Chapo* del penal de Puente Grande, Inteligencia Militar empezó a recibir reportes que daban cuenta de la presencia del jefe del cártel de Sinaloa en Acapulco, así como de los hermanos Beltrán Leyva, quienes solían rentar casas en los fraccionamientos más exclusivos del puerto: Las Brisas, Joyas de Brisamar, Brisas Guitarrón y La Cima, que cuentan con una férrea seguridad privada.

En junio de 2003 la revista local *Controversia* dio a conocer la presencia de *Los Pelones*, grupo de gatilleros formado por exmilitares al servicio de los Beltrán y que se encargaban de controlar la plaza mediante la eliminación de narcos locales.

A sus anchas, *Los Pelones* se movían desde entonces por las calles de este centro turístico en camionetas, ostentando armas de grueso calibre y en ocasiones amenazando a lugareños y paseantes.

Un año después empezaron a ocurrir hechos violentos, que las autoridades locales dieron como sucesos aislados pero que salían de los parámetros de la violencia común en Guerrero, estado donde se registran dos asesinatos diarios, en promedio.

Entre los casos más relevantes, por la saña utilizada, están los asesinatos de los colombianos Gustavo Adolfo Escobar Escobar y Diego Radilla Hoyos, cuyos cadáveres presentaban huellas de tortura, así como el hallazgo de cuatro hombres originarios de Tamaulipas –Carlos Castro Ramírez, Heriberto Montañés Vargas, Pablo González Araujo y Francisco Zúñiga Martínez–, quienes fueron enterrados vivos y sus cuerpos encontrados en Coyuca de Benítez.

La violencia siguió creciendo: el jueves 4 el diario local *El Sur* reveló que la Procuraduría General de Justicia del Estado abrió la averiguación previa TAB/3/TUR/1/AM/98/2005, mediante la que se investigan 27 levantones de tamaulipecos en Acapulco de mayo pasado a la fecha.

La indagatoria refiere que supuestos miembros de la Agencia Federal de Investigación (AFI) detuvieron a los tamaulipecos y después los entregaron a Édgar Valdés Villarreal, *La Barbie*, lugarteniente de los hermanos Beltrán en este puerto.

El primer antecedente de estas desapariciones se conoció en el semanario *La Palabra*, en su edición de la última semana de mayo, que obtuvo informes acerca de ocho tamaulipecos detenidos presuntamente por la AFI y entregados a *La Barbie*, jefe de *Los Pelones*.

La Barbie y Arturo Beltrán aparecen mencionados en un recado que se encontró entre las ropas de un ejecutado en Nuevo Laredo. El texto parece tener relación con la guerra que los cárteles de Osiel Cárdenas y *El Chapo* Guzmán libran en Guerrero. "Pinche Barby y Arturo Beltrán, ni con el apoyo de las fuerzas especiales de apoyo van a entrar ni matando a gente inocente", se lee en el mensaje, atribuido a *Los Zetas*.

El pasado 31 de julio, tras una persecución que terminó en el fraccionamiento La Cima –propiedad del empresario Jaime Camil– y en la cual participó al menos un centenar de efectivos del Ejército, así como policías estatales y municipales, fueron detenidos Miguel Ángel Méndez Rosas, Uriel Vázquez de la Cruz y Arturo Guajardo de León, además de decomisarse fusiles de asalto y autos. Estos tres sujetos fueron liberados al día siguiente.

El armamento y los autos, según las investigaciones, pertenecían al cártel de los Beltrán, y se descubrió que una casa de dicho fraccionamiento, marcada con el número LC22, propiedad de Leopoldo Klashky, había sido rentada por Édgar Valdés Villarreal, alias *La Barbie*.

La presencia de *Los Zetas* se detectó en Acapulco en noviembre de 2004, cuando por accidente policías preventivos municipales encontraron en la cajuela de un taxi colectivo un arsenal: *cuernos de chivo*, fusiles AR-15, pistolas MP-5K, calibre 9 milímetros y otra más de 40 milímetros, granadas de fragmentación y más de mil cartuchos útiles de diferentes calibres.

Por la posesión del armamento se consignó al guatemalteco Ricardo Takej Tiul, que según las indagaciones judiciales forma parte del cártel del Golfo y quien llevaba instrucciones de utilizar el armamento para atentar contra *La Barbie*.

Meses después, granadas del mismo lote de las que fueron encontradas a Takej Tiul –L/2/82, de fabricación estadunidense– estallaron en destacamentos policiacos en Acapulco y Zihuatanejo el 5 de febrero y los días 18 y 19 de junio de 2005, así como en una serie de atentados contra policías municipales.

A raíz de un atentado en Zihuatanejo, perpetrado el 19 de julio de ese año y que dejó un saldo de tres personas muertas, se detuvo a Pedro González Alcorta, originario de Nuevo Laredo, y Albertano Rojas Romero, de Ometepec, Guerrero, como presuntos participantes. Recluidos inicialmente en el penal de ese puerto, de inmediato fueron trasladados a Acapulco después de que el director del Cereso de Zihuatanejo, Carlos Coronel Avitia, recibió una llamada en la que le advertían: "Los vamos a sacar", información que consta en el expediente penal 9606-Z como parte del proceso que se les sigue a los detenidos.

Después del operativo de traslado, en el que participaron militares y policías estatales, Coronel Avitia renunció.

En el expediente, que se basa en la averiguación previa AZUE/ SC/03/267/2005, los tres detenidos admiten haber sido contratados y entrenados por *Los Zetas*. Específicamente mencionan a Heriberto Rodríguez Garza, alias *El Alebrije*, quien les habría proporcionado una granada de fragmentación.

González Alcorta declaró en el interrogatorio que tenía cinco meses trabajando con el grupo *Los Zetas*, "el cual tiene aglutinada a gente de la milicia, de quienes recibí instrucciones en el manejo de granadas, armas cortas y armas largas".

Los pistoleros detenidos tenían un salario de mil 500 pesos semanales, y para trasladarse de Acapulco a Zihuatanejo les dieron 4 mil pesos.

Según la versión de Albertano Rojas, quien fungió como chofer en el operativo, escuchó que González Alcorta y Rodríguez Garza fueron responsables del atentado del 18 de julio en Acapulco, en el que murió un policía acribillado y también lanzaron una granada.

El 8 de agosto de este año fue atacado el cuartel de policía del estado en el mismo puerto, también con dos granadas de fragmentación, una de las cuales no estalló.

Previamente, el 5 de agosto, el policía ministerial Pedro Noel Villeda Aguilar, quien había sido secuestrado por el comando que ejecutó al jefe policiaco Julio Carlos López Soto la madrugada del 2 de agosto, fue el portavoz de un mensaje para *Los Pelones* enviado por Antonio Ezequiel Cárdenas Guillén, alias *Tony Tormenta*:

"Que ya estaban aquí en Guerrero con 120 elementos de *Los Zetas*, para rajarle la madre a *Los Pelones* y a los que participaron en el reparto del dinero que le habían entregado al subdirector" (López Soto).

Después ocurrirían más ejecuciones en Acapulco, seis el 11 de agosto, de las que no hay pistas.

Presencia de *El Chapo*

El asesinato del subdirector operativo de la Policía Ministerial del estado, Julio Carlos López Soto, tiene relación con el hallazgo de un arsenal en vehículos en una residencia del fraccionamiento La Cima, conjunto que es custodiado por la empresa de seguridad privada Tafoya, SA de CV, propiedad de José Alberto Gómez Tafoya.

De acuerdo con indagaciones policiacas y de Inteligencia Militar, hay indicios de que, además de *La Barbie*, en esa casa se encontraba El *Chapo* Guzmán con su familia, quienes al parecer fueron ayudados por López Soto a salir del cerco policiaco y militar.

López Soto fue guardaespaldas del gobernador Rubén Figueroa Alcocer, así como subdirector de la Policía Judicial en Morelos, corporación en la que estuvo bajo las órdenes de Agustín Montiel, actualmente preso por sus vínculos con Juan José Esparragoza, *El Azul*. Fue amigo de Mario Arturo Acosta Chaparro, también preso por vínculos con el narcotráfico; guardaespaldas del empresario y exdiputado federal Fernando Navarrete Magdalena –quien lo recomendó con Torreblanca, su compadre– y aunque su sueldo mensual no sobrepasaba los 30 mil pesos, era dueño de autos importados, de una residencia en Joyas de Brisamar, un lujoso departamento en Caleta, una casa de descanso en Cuernavaca, Morelos, y hasta de un yate.

Recientemente, la diputada federal Eliana García Laguna, que estuvo en calidad de presa política en Acapulco durante el periodo de la llamada guerra sucia, señaló a funcionarios con negros antecedentes que trabajan en el gobierno de Torreblanca y que en su contra tienen recomendaciones de la Comisión de Defensa de Derechos Humanos (Coddehum).

En cuanto a Rey Hilario Serrano, director de Gobernación, reportes de Inteligencia Militar retoman versiones sobre presuntos vínculos de este funcionario con el narcotraficante Gilberto García Mena, alias *El June*.

En cuanto a las denuncias como la de Coddehum, el gobernador Torreblanca admite: "No puedo negar que no sólo hay policías con recomendaciones, sino también que incurren en corrupción y eso no lo puedo negar, pero no puedo sacar a 500 policías a la calle. Tengo antes que preparar a más".

Añade que la limpieza de las corporaciones tiene un proceso, que apenas inicia, pero "acabar con el crimen, ni en Suecia".

25 *de enero de 2009*

La frágil tregua

Patricia Dávila

CULIACÁN, SIN.- Los principales cárteles del narcotráfico, que han ensangrentado el país con sus confrontaciones, acordaron en diciembre pasado una tregua indefinida que ha tenido alcance nacional y se refleja en una relativa disminución de balaceras, enfrentamientos, matanzas y ajustes de cuentas, reveló en su edición del 11 de enero de este año el semanario local *Ríodoce*, que se dedica prioritariamente a temas del narcotráfico.

La información, publicada bajo el título de "Pactan los narcos. La Sedena lo promueve y el Cisen lo registra", sostiene que el cese al fuego se pactó "para recuperar el control del tráfico de enervantes que, debido a su concentración en la guerra, estaban perdiendo" los cárteles. Además, se estableció que cada organización "cobraría los ajustes de cuentas" que tenía pendientes antes de llegar a este acuerdo.

Durante un recorrido que **Proceso** realizó del 14 al 21 de enero de 2009 por los municipios de Culiacán, Navolato y Badiraguato, constató que en estas localidades el Ejército no realiza patrullajes y quitó los retenes, con excepción de uno, cercano a la caseta que está a la salida de Culiacán, por la carretera internacional que lleva al límite entre Durango y Sinaloa. Justo el llamado Triángulo Dorado del narcotráfico.

Desde el mes pasado, en calles, plazas, taxis, restaurantes, hoteles y comercios se habla de esa negociación entre los jefes de los cárteles. Para los lugareños esto se hizo evidente el 24 y el 31 de diciembre de 2008, cuando dejaron de escuchar los disparos de *cuerno de chivo* a los que están acostumbrados.

Los enfrentamientos por el control de esta plaza, al igual que de las correspondientes a otras ciudades y estados, como Tijuana, Chihuahua, Durango, Michoacán, Guerrero, Zacatecas y la Ciudad de México, se recrudecieron a partir del 30 de abril de 2008, cuando los hermanos Beltrán Leyva se escindieron del cártel de Sinaloa y pactaron con Vicente Carrillo Fuentes, aliado de *Los Zetas*. Estas tres organizaciones, al igual que los Arellano, combatían al cártel de Sinaloa.

Esta guerra, que aparentemente entró en una tregua después de casi ocho meses de ejecuciones y enfrentamientos, el año pasado dejó un saldo de 5 mil 500 ejecuciones en el país, mil 156 de ellas en Sinaloa.

Esto convierte a la entidad en una de las más violentas y muestra el incremento de este delito, ya que en 2007 se registraron aquí 743 asesinatos relacionados con el narcotráfico, mientras que en 2006 fueron 605. En lo que va de este año, hasta el 11 de enero, la Procuraduría General de Justicia del Estado tenía registrados 25, pero un monitoreo en medios arrojó que al cierre de esta edición se habían difundido 46 de estos crímenes, aunque no todos se relacionaron explícitamente con el crimen organizado.

Según el semanario *Ríodoce*, "en el acuerdo de cese al fuego al parecer participaron representantes de organizaciones que dirigen Ismael El *Mayo* Zambada, Joaquín El *Chapo* Guzmán, Arturo Beltrán Leyva, los hermanos Arellano Félix, además de (Vicente El *Viceroy*) Carrillo Fuentes".

Señala que el primer acercamiento estuvo a cargo de representantes de segundo nivel de estas organizaciones y se llevó a cabo en un privado de un conocido restaurante de Culiacán especializado en mariscos.

"De estos encuentros tuvieron conocimiento la Sedena y el Centro de Investigación y Seguridad Nacional (Cisen), instancias que montaron discretos operativos y se mantuvieron informados de los avances de esas negociaciones", afirma *Ríodoce*.

"Uno de los argumentos planteados por los capos de las organizaciones criminales que participaron en la tregua es que se han olvidado del mercado y del negocio local de la droga por priorizar las ejecuciones y enfrentamientos entre bandas contrarias. Descuidaron el negocio y son otros los que lo están operando, y no precisamente con autorización de los jefes", añade la nota.

Sin embargo, se afirma en el semanario, acordaron que todavía realizarán las ejecuciones que tienen pendientes como parte de anteriores "ajustes de cuentas".

Hasta el 23 de enero *Ríodoce* no recibió ningún desmentido acerca de esta información, ni siquiera de las dependencias mencionadas en la nota (la Sedena y el Cisen).

Cuestión de negocios

La última vez que los capos del narcotráfico mexicano se reunieron para firmar un pacto fue en agosto de 2007, cuando en al menos siete encuentros los cárteles de Sinaloa y del Golfo definieron el reparto de territorios y se comprometieron a respetarlo, así como a cesar las ejecuciones entre miembros de ambas organizaciones.

Y la cumbre más célebre entre grupos antagónicos dedicados al tráfico de drogas se realizó tras la caída de Miguel Ángel Félix Gallardo, quien hasta abril de 1989 fue jefe del cártel del Pacífico.

En aquella ocasión, Félix Gallardo logró reunir en Acapulco a todos los capos y les repartió el territorio. Asistieron, entre otros, los hermanos Arellano Félix, *El Güero* Palma y Rafael Aguilar Guajardo, este último encargado de realizar todos los preparativos. Las negociaciones fueron exitosas, aunque después comenzó la disputa territorial que hasta la fecha sigue vigente (**Proceso** 1600).

Una fuente cercana al cártel de Sinaloa, anónima por razones obvias, habló con la reportera y comentó que tiene conocimiento de que la iniciativa para este encuentro fue de Joaquín *El Chapo* Guzmán, quien contactó a los jefes de otras organizaciones a través de un emisario al que los cárteles identifican como *El M1*.

Lo primero que se estableció fue que el acercamiento inicial se llevara a cabo en este estado, tierra natal de la mayoría de los capos: los Arellano Félix, los Carrillo Fuentes, Guzmán Loera y los Beltrán Leyva, así como Zambada y Esparragoza. La fuente consultada señala que, según su información, a ese primer encuentro del 11 de diciembre de 2008, efectuado en el restaurante al que identifica como Los Arcos de la capital sinaloense, sólo asistieron representantes de segundo nivel, con la misión de allanar el camino al acuerdo principal.

Inicialmente las organizaciones pactaron dos puntos fundamentales: "El cese al fuego hasta el día 30 de enero de este año y las cuentas (ejecuciones) que cada cártel tenía pendientes de cobrar. Cada uno cede y acuerdan concluir los ajustes pendientes", reitera la fuente.

Dos días después del primer encuentro, continúa, los jefes de los cárteles sellaron el pacto. En esta ocasión se reunieron durante cinco horas en el centro recreativo Nuevo Altata, a 20 minutos del municipio de Navolato y a 40 de Culiacán.

–¿Quiénes asistieron y qué asuntos concretos trataron? –inquiere la reportera.

–Se supo que asistieron Vicente Carrillo, por el cártel de Juárez; los Arellano Félix, por el de Tijuana; Joaquín Guzmán Loera, del cártel de Sinaloa, y Arturo Beltrán Leyva.

"Tenemos información de que a la segunda reunión también se sumaron representantes de *La Familia*, operadora de Michoacán", y del cártel del Golfo, de Tamaulipas, agrega.

–¿Quiénes estuvieron presentes en representación de esos cárteles?

–Lo único que puedo decirle es que se sumaron.

–¿Hubo acuerdos?

–Al parecer, coincidieron en que la guerra entre cárteles por el control del mercado los estaba llevando a descuidarlo. Tenían identificadas a cinco personas o familias que, aprovechando los vacíos que estaba dejando la disputa, empezaron a trabajar solas. Incluso lograron amarrar contactos directos con los que pactaron en Colombia, Panamá y Argentina.

"Las pérdidas económicas por los decomisos en realidad para la gente de los cárteles no significan un fuerte golpe, porque se recuperan. Lo importante para ellos era alinear a los que estaban despegando solos, sobre todo en Sonora, Durango, Michoacán, Jalisco y Sinaloa."

–¿Cómo harán para alinear a los que trabajaban por cuenta propia?

–Se ha manejado que a través de *El Mayo* Zambada.

–¿Qué pasará si alguno trata de quedarse con el mercado?

–Tienen inteligencia, pero no estructura. Tengo entendido que les falta capacidad, porque su fuerza la basan en 50 o 60 personas en cada estado. No tienen volumen de fuego, mientras los grandes capos tienen cientos.

Otras versiones, obtenidas entre miembros de la Secretaría de Seguridad Pública estatal, coinciden en que el pacto entre capos es real. Uno de ellos señala:

"Prueba de ello es que dejaron de registrarse las frecuentes balaceras y múltiples ejecuciones que tuvimos hasta las dos primeras semanas de diciembre. Incluso, de manera simultánea a la tregua de cese al fuego concertada por los capos, el gobierno federal retiró una buena parte de los operativos de las calles de Culiacán. No hay soldados ni policías federales. Nosotros mismos retiramos las unidades y a los elementos asignados al operativo Culiacán-Navolato, iniciado en mayo pasado."

Según más testimonios de la policía local, dos de los cinco batallones del Ejército ya no están operando en Culiacán, además de que fue enviado a otra región del país el Sexto Regimiento Blindado, cuyas unidades Hummer y artilladas desfilaban diariamente por la capital sinaloense.

También abandonaron la plaza cuando menos un centenar de los 250 agentes de la Policía Federal adscritos a Culiacán-Navolato; el resto permanece replegado en su cuartel.

El gobierno, sin iniciativa

El presidente de la Comisión Independiente de Derechos Humanos, Leonel Aguirre Meza, confirma que "el pacto de cese al fuego es una realidad; no hay duda de que fue iniciativa de los grupos delictivos", que "necesitan reconquistar sus espacios y sanar las heridas, porque la guerra dejó bajas de gente muy cercana a los jefes".

Entrevistado en Navolato, Aguirre explica: "Aceptar que fue el gobierno federal el que impulsó la narcocumbre sería como reconocer que la autoridad tuvo éxito en el operativo Culiacán-Navolato. Y no. El gobierno no tuvo nada que ver con la reciente baja de homicidios relacionados con el crimen organizado. Creer lo contrario sería muy cuestionable.

"Cuando el gobierno inició el operativo Culiacán-Navolato nos vendió la idea a los ciudadanos y a los organismos de que venían con un operativo fuerte, enérgico, con estrategia de inteligencia para combatir realmente a los cárteles y bajar el índice delictivo, pero no fue así, y hubo días en que se registraron hasta 14 ejecuciones."

Recuerda que el Ejército y la Policía Federal Preventiva llegaron muy enérgicos, "pero no en contra de quienes dijeron que venían a combatir. Actuaron contra el ciudadano común que se atraviesa en un retén. Traían un alto nivel de prepotencia".

Desde un inicio, explica Aguirre Meza, hubo denuncias y quejas en contra de la Sedena y de la PFP, por eso consideramos importante que el gobierno estuviera autoevaluándose para tomar decisiones.

–¿Qué tipo de denuncias?

–De privación ilegal de la libertad, sin una orden, elementos del Ejército y de la Policía Federal pasaron a la rapiña y al robo. Se fue acumulando una serie de quejas; nosotros tenemos 15 bien documentadas. Si el Ejército tuvo en su inicio algo de respaldo de la ciudadanía, con este tipo de exceso lo está perdiendo. Ahora la gente le tiene miedo y rencor.

Enseguida ofrece detalles sobre esas quejas ciudadanas:

"Recibimos 15 quejas contra el Ejército y la PFP. Todos (los quejosos) nos pidieron el anonimato. A dos personas que convencimos de denunciar ante la PGR, después fueron a desistirse de la denuncia por temor a las represalias. A una de ellas la propia PGR le pidió que se desistiera. Lo mismo hizo el Ejército en relación con dos quejas interpuestas ante la Comisión Nacional de los Derechos Humanos (CNDH)". Ahora, ya no se atreven a denunciar, afirma.

"Pero vamos al fondo: lo que pensamos del operativo Culiacán-Navolato es que su eficacia en el combate al crimen organizado en Sinaloa no ha sido tal. Yo creo que la tesis de que los grupos organizados se están reuniendo para tomar acuerdos y llegar a la tregua, es una línea verídica", reitera Aguirre.

–¿Por qué sostiene esa tesis?

–Porque el cese al fuego en realidad no es producto de la eficacia del operativo; si así fuera se habría notado desde que entraron (a Sinaloa) las Fuerzas Armadas y no fue así. Por el contrario, de diciembre a la fecha en que se dio la narcocumbre, el índice delictivo ha ido a la baja.

"Es claro que lo único que puede impactar directamente en una baja de muertes es un pacto entre capos. Por otra parte, el rompimiento entre los cárteles ocasionó que se dañaran fuertemente, por homicidios de gente muy cercana a los jefes."

–¿Ese tipo de ejecuciones no hace muy frágil ese pacto? Porque murió José Cruz, hermano de los Carrillo Fuentes; Édgar Guzmán, hijo de *El Chapo*, y Arturo Meza, hijo de Blanca Margarita Cázares, *La Emperatriz*.

–Claro, pero también es un factor más que se suma a la urgencia de reunirse para dictar un cese al fuego.

–¿Cuánto tiempo puede durar esta tregua?

–Ojalá sea permanente, pero el que este pacto sea de largo alcance dependerá de lo productivos que resulten los negocios.

–¿Dentro del pacto es posible una redistribución geográfica para el control de cada organización?

–Una negociación de ese nivel sería con base en la región que le toque explotar a cada cártel. Incluso, creo que la autoridad podría consentir un pacto de esta naturaleza. Y si esto incluye una baja de homicidios, que es en donde la gente más palpa el problema de la inseguridad, la autoridad encantada. En términos fríos, el gobierno federal se serviría de un pacto de esta naturaleza, porque simplemente ya no tendría que enfrentarse al crimen organizado en una guerra que, por cierto, va perdiendo.

–¿Las autoridades iniciaron una guerra sin labor de inteligencia?

–Cuando llegaron, anunciaron una guerra contra un enemigo que no habían valorado. Minimizaron o no midieron el nivel de fuerza que tenía el crimen organizado al que le declararon la guerra.

–Si hay una tregua, ¿cómo se explica el hecho de que el 19 de enero un grupo armado recuperara 10 vehículos que habían sido asegurados por la PGR?

–La tregua es sólo entre cárteles. Lo que usted me dice fue en contra del Ejército. Antes, el 30 de septiembre del año pasado, ya habían robado cinco avionetas incautadas. La realidad es que cualquier alcance que pueda tener la tregua va a ser suficiente para que la autoridad también se someta a ellos (los acuerdos).

–¿Existe la posibilidad de que el gobierno federal haya impulsado la tregua?

–No es posible. La única forma en que pudo impulsarla es que haya asumido su incapacidad para ganarle una guerra a los cárteles. En mi opinión, hay que esperar a que los capos concluyan los ajustes acordados y que logren pactar la redistribución de las plazas, para garantizar la permanencia del cese al fuego.

24 de octubre de 2010

El Chapo vs. *El Viceroy:*
Municipio
por municipio

Patricia Dávila

Patricia González Rodríguez, exprocuradora de Justicia de Chihuahua, en entrevista con **Proceso** disecciona las estructuras que los cárteles de Juárez y de Sinaloa formaron para disputarse el control de los principales puntos del estado, especialmente Ciudad Juárez.

Durante los últimos tres años la violencia desatada por esas agrupaciones criminales alcanzó el máximo nivel y puso a esa ciudad como la más violenta del mundo, con 7 mil ejecuciones en poco más de dos años.

Ambos cárteles tienen fuerte presencia en el estado; en todos y cada uno de los municipios, uno u otro tiene el control. El de Sinaloa, explica la funcionaria, es el de mayor presencia.

Dirigido por Vicente Carrillo Fuentes *El Viceroy*, hasta 2007 tenía el control total de la entidad. A partir de ese año el cártel de Sinaloa, dirigido por Joaquín Guzmán Loera *El Chapo*, entra por Guadalupe y Calvo y Guachochi, en el sur, hasta apoderarse de Ascensión, Parral, Jiménez, Camargo y Delicias.

En el centro, Guzmán Loera se queda con el control de Benito Juárez y de Villa Ahumada, que es paso estratégico para el trasiego de drogas hacia cualquier punto fronterizo de Chihuahua, pues tiene más de 300 brechas que facilitan el traslado clandestino. Tras la detención de Pedro Sánchez, tercero al mando del cártel de Juárez, la zona quedó bajo el control del cártel rival por conducto de José Antonio Torres Marrufo.

En el norte, luego de la detención de José Rodolfo Escajeda *El Rikín*, la mafia del Pacífico se posesiona de Guadalupe Distrito Bravo, Práxedis G. Guerrero y Ascensión, municipios fronterizos con Estados Unidos.

Mientras tanto la gente de *El Viceroy* se repliega hacia el occidente: Cuauhtémoc, Madera, San Buenaventura, Galeana, Nuevo Casas Grandes y Casas Grandes.

El cártel de Sinaloa pudo penetrar Ciudad Juárez pero no ha desplazado al grupo local, por lo que se mantiene esa disputa a muerte por la plaza. En la ciudad de Chihuahua hay presencia de ambas mafias, aunque ahí la violencia se contuvo.

El caso Juárez

De acuerdo con un diagnóstico elaborado por la Procuraduría que González Rodríguez encabezó hasta el pasado 4 de octubre, el cártel de Juárez, a través de su brazo armado *La Línea*, tiene actividades de narcomenudeo, tráfico de armas, lavado de dinero, robo de vehículos, secuestro, extorsión y ejecuciones.

Su estructura es la siguiente: bajo el mando de Vicente Carrillo Fuentes está José Luis Ledesma o Pablo Ríos Rodríguez, *El JL*, operador en el estado, quien maneja a Luis Guillermo Carrillo Rubio, *El Pariente*, controlador de los sicarios de *La Línea* en las plazas de la entidad.

Los operadores en las principales ciudades y centros de distribución de drogas son: Juan Pablo Guijarro Fragoso *El Mónico*, en la capital; en Puerto Palomas, Ascensión, Nuevo Casas Grandes, Janos y Puerto San Luis está a cargo Carlos Vázquez Barragán, El 20, detenido por la Policía Federal el pasado 25 de julio.

En Zaragoza manda Aldo Nájera, mientras que en Gómez Farías, Nicolás Bravo y Madera opera Óscar García Celis El Gallo; en Ojinaga está El Chachitas, pero se sabe que la gente de El 20 también emplea esa plaza para enviar mariguana a Estados Unidos. En Guerrero César Olivas, El 6 o El Sexto, trabaja con un individuo apodado El Papalote o El Cantinflas.

En las comunidades de Namiquipa, El Terrero, Casas Coloradas, Cologachi, Soto Máynez y El Oso está a cargo Rafael Márquez. El Valle de Juárez lo controla Alfredo Mota Sandoval, La Muerta, quien quedó al mando tras la detención de El Rikín Escajeda; en esta zona, bajo las órdenes de La Muerta, está Ricardo Cristóbal Flores, El Zorro. Guachochi estaba a cargo de Nibardo Villalobos, El Patas Cortas, actualmente preso.

Creel, Cuauhtémoc y Batopilas son operados por Hernán o Germán García Loya, El Gaviota, quien tiene como lugarteniente a Misael Loya Caraveo. Delicias, Jiménez, Camargo, Parral y Balleza las trabajaba Evaristo Rentería, quien ahora vive en Estados Unidos en calidad de testigo protegido de la DEA y el FBI.

Ciudad Juárez está a cargo de Juan Díaz, El Leopardo, El Rojo o El Canelo, quien cuenta con Antonio Acosta, El Diego, El 10 o El Blablazo como jefe de sicarios y con El Makarfi como jefe de la distribución de drogas en los seis distritos de policía de la ciudad; a él lo ayudan El Mandis, El Casco o El Gordo.

Los operadores de las células de sicarios en los distritos de la policía de Ciudad Juárez (grupos de 10 matones que se caracterizan por "sanguinarios". Sus edades van de 20 a 30 años y casi todos vienen de Sinaloa, algunos son expolicías o exmilitares. En Juárez al principal grupo de sicarios, Los Aztecas, los manda El 51 que está bajo las órdenes de El JL) operan bajo el control de El Diego, quien dirige personalmente la célula de Los Linces.

El Diego también comanda las seis células de las estaciones de policía de Ciudad Juárez. El jefe de cada célula tiene de cinco a ocho sicarios: Aldama es dirigida por El Santi, Babícora por El Oso, Cuauhtémoc por El Junior, Delicias por Iván Contreras, Keico, y Chihuahua por El Checo.

El 90% de los integrantes del cártel de Juárez se dedica al narcomenudeo, y el resto, al tráfico de estupefacientes a Estados

Unidos; la organización, además, cobra por "derecho de piso" 25% de las ganancias de la droga que otras organizaciones pasan al otro lado de la frontera.

Sinaloa

A su vez los grupos y células del cártel de Sinaloa, que avanza tomando el control del estado, funcionan de manera similar. El líder en el estado es Noel Salgueiro Nevárez, *El Flaco Salgueiro.*

Tienen grupos de sicarios, *La Gente Nueva,* en su mayoría originarios de Sinaloa, Michoacán y Guerrero encargados de eliminar a los integrantes del cártel local.

El principal operador en Chihuahua, *El Señor Delgado,* es subordinado directo de Salgueiro, quien antes contaba con Elizabeth Rodríguez Griego, *La Doña,* asesinada el pasado agosto y quien tenía a su mando dos células de sicarios integradas por exmilitares y vendedores de cocaína.

Los municipios de Ascensión, Puerto Palomas y Janos están a cargo de Mario Amaya, *El 11,* en sustitución de Fernando Arámbula, preso en Estados Unidos. Desde El Porvenir hasta Ojinaga el control lo tiene *El Gavilán.* Nuevo Casas Grandes y Madera están a cargo de Daniel Leo Pérez, *El 16;* en la ciudad de Parral trabaja *El R-3,* quien controla varias células de pistoleros que se desplazan a Cuauhtémoc, Delicias, Camargo y Ojinaga.

En Ciudad Juárez el operador principal es José Antonio Torres Marrufo, *El Jaguar* o *El Último Terremoto;* también trabaja ahí Mario Núñez Meza, *El Mayito* o *El M-10.* El Valle de Juárez es controlado por Gabino Salas Valenciano, *El Ingeniero,* quien radica en Durango y tiene bajo su mando dos células de sicarios, así como el control del trasiego de drogas a Estados Unidos. Torres Marrufo controla las pandillas de *Los Mexicles* y *Los Artistas Asesinos.*

Según el diagnóstico elaborado por la procuraduría, Torres Marrufo y Gabino Salas son los responsables del incremento de la violencia homicida y la inseguridad en Ciudad Juárez debido a la constante confrontación que mantienen con *La Línea.*

El cártel de Sinaloa se dedica en 90% al tráfico de drogas al extranjero y en 10% al narcomenudeo en Ciudad Juárez, principalmente la venta de estupefacientes en los Ceresos estatal y municipal. Además obtiene recursos de los secuestros, robos, extorsiones, asaltos a comercios y bancos, ejecuciones, contrabando, piratería, tráfico de personas y de armas y falsificación.

La exprocuradora González también proporciona a **Proceso** la radiografía de la presencia y actividad delictiva de estos dos grupos en Ciudad Juárez:

El JL, quien dirige a *Los Aztecas*, tiene mayor presencia en las colonias Rancho Anapra, Ladrillera, Popular, Altavista, Barrio Alto, Centro, Azteca, División del Norte, Partido Romero y Barreal.

A través de *Los Mexicles* Guzmán Loera controla las colonias Nuevo México, Chavena, Juárez, Obrera y Pradera.

La función de *Los Aztecas* y de *Los Mexicles* es evitar la incursión de grupos antagónicos, vigilar los puntos de paso de droga a Estados Unidos, reclutar adeptos y controlar el narcomenudeo en los más de 6 mil picaderos distribuidos en la ciudad.

27 de agosto de 2011

En La Laguna, contra *Los Zetas*

Patricia Dávila

La balacera del 20 de agosto de 2011 frente al estadio de futbol del club Santos-Laguna, en Torreón, evidenció las pugnas que el cártel de Sinaloa y *Los Zetas* tienen por la plaza y sobre todo mostró el avance de la mafia sinaloense en Durango y Coahuila.

El fortalecimiento del grupo de Joaquín *El Chapo* Guzmán se da por el nulo interés del gobierno federal en la seguridad de la zona: el 14 de mayo de 2010, el entonces secretario de Gobernación Fernando Gómez Mont retiró a policías federales y a militares de La Laguna para llevarlos a Ciudad Juárez. Horas después de la salida de los uniformados, un comando acribilló a ocho jóvenes en la inauguración del bar Juana's VIP (**Proceso** 1812).

Los hechos violentos se hicieron imparables, pero una serie de acuerdos entre instancias gubernamentales dio origen al programa Operación Laguna I-2011 que, entre otras medidas, montó en torno al lecho del río Nazas –que separa Torreón de Gómez Palacio– tres bases militares y estableció retenes en distintos puntos.

Los esfuerzos fueron en vano. Las balaceras continuaron y llegaron a lugares de concentración masiva. En el caso más reciente afectó a los aficionados al futbol que la tarde del 20 de agosto acudieron al partido entre Santos y Morelia: un grupo de sicarios disparó contra los policías municipales que custodiaban la periferia del estadio Nuevo Corona.

El ataque dio pie a desencuentros entre la Secretaría de Gobernación (Segob), por un lado, y los gobiernos estatal y municipal, por el otro, cuando Juan Marcos Gutiérrez, subsecretario de Gobernación, afirmó que se "trató de una agresión contra Adelaido Flores, jefe de la policía y elementos municipales", versión que fue desmentida por el propio jefe policiaco, quien aclaró que él estaba dentro del estadio y no en el lugar del atentado.

Más tarde, el alcalde de Torreón, Eduardo Olmos, aseguró que días antes de la balacera afuera del estadio Nuevo Corona avisó al gobierno federal que bandas criminales podrían llevar a cabo un acto violento de alto impacto en esa ciudad:

"El 15 de agosto busqué telefónicamente a Facundo Rosas, comisionado general de la Policía Federal; quien me contestó fue David Córdoba Tello, su coordinador de asesores, a quien le externamos nuestra preocupación por la complicación de los escenarios en materia de seguridad pública", dijo a los medios. Nunca recibió respuesta del comisionado.

Así, aprovechando la falta de acuerdos entre las instancias gubernamentales el cártel de Sinaloa busca desplazar a *Los Zetas* de la Comarca Lagunera de Coahuila y Durango mientras realiza una limpia interna, igual a la llevada a cabo a principios de este año en la capital duranguense.

Disputa por la plaza

El hallazgo de cerca de 300 cadáveres en varias fosas clandestinas en la capital de Durango en abril y mayo pasados mostró lo virulento de las pugnas entre *Los M's* y *Los Cabrera* –células criminales al servicio del cártel de Sinaloa–. *Los M's*, "dueños" de la plaza, fueron acusados de calentarla con secuestros y cobro de piso. *Los Cabrera* fueron comisionados por *El Chapo* Guzmán e Ismael *El Mayo* Zambada para recuperarla y limpiar la zona de raptos y extorsiones (**Proceso** 1800).

Los *M's* eran dirigidos por los hermanos Núñez Meza: Mario, *El M 10*; José Fidel, *El M 11* y Amado, *El M 12*. La banda rival la encabezan los hermanos Cabrera Márquez: Felipe, *El 01*; Alejandro, *El 02*; Humberto, *El 03*, y José Luis, *El 04*.

Información proporcionada por algunos *M's* a la Subprocuraduría de Investigación Especializada en Delincuencia Organizada revela que este grupo es responsable de más de un centenar de secuestros o levantones en la ciudad de Durango en años recientes. Tras la ruptura que se gestó desde febrero de este año entre miembros de las dos células alineadas a la organización del Pacífico, hubo una escalada de violencia en Durango, sobre todo en la capital.

En julio, *Los Cabrera* lograron someter a *Los M's* y a partir de entonces reorientaron su estrategia. Se enfocaron a combatir a la alianza rival: Zetas-Juárez-Beltrán Leyva.

Simultáneamente, entre abril y mayo, la Policía Federal detuvo a cerca de 50 *M's*: Desarticuló a la banda de secuestradores y extorsionadores, a los encargados de la venta de droga y piratería, al codificador de radiotransmisiones… todos al servicio de los hermanos Núñez Meza.

Siguió habiendo homicidios que incluían decapitaciones, mutilación y tortura. En su mayoría, las ejecuciones iban acompañadas de mensajes de amenaza entre *Los Zetas* y el cártel de Sinaloa. Se siguieron reportando levantones sobre todo en los municipios de Gómez Palacio y Lerdo, lo que evidenció una reactivación de la violencia en la zona.

El pasado 9 de julio en Torreón se hallaron los cuerpos decapitados de siete hombres y tres mujeres, así como la cabeza de una mujer, que tenían un mensaje de amenaza firmado por *Los Zetas*. A la vez en diferentes puntos de Torreón y Gómez Palacio fueron colocadas mantas con amenazas a los integrantes de *Los Zetas*.

También hubo actividad delictiva en el Centro Especializado de Readaptación y Tratamiento para Menores Infractores (CERTMI) de Gómez Palacio, donde unos 12 internos protagonizaron un motín que finalmente pudo controlarse.

El 13 de julio, un día después del motín, un grupo armado ejecutó a Juan Vargas López, juez del área del CERTMI.

En los últimos meses se reportaron agresiones contra algunas autoridades: El 15 de julio, en Gómez Palacio, un comando ejecutó a un oficial de la Secretaría de Protección y Vialidad. También hubo un ataque de hombres armados contra ocho policías de Gómez Palacio que viajaban en dos patrullas. El 19 de julio un comando disparó contra efectivos de la Policía Federal Ministerial, hiriendo a tres. El mismo día hubo un enfrentamiento en el municipio de Rodeo, entre *zetas* y gente de *El Chapo*. Uno de los delincuentes murió.

La zona serrana de Durango también muestra actividad de la alianza Juárez-Zetas: sólo el mes pasado en diversos puntos del municipio de Santiago Papasquiaro se colocaron como carteles las fotografías de cuatro presuntos delincuentes, entre ellos Felipe Jáquez García, *El Ratón*. Se solicitaba la colaboración de la ciudadanía para ubicarlos. El pasado 21 de julio *El Ratón* fue abatido en la ciudad de Durango.

Reacomodos

Las zonas de Lerdo y Gómez Palacio son administradas por dos personajes: Daniel Ortiz, *El Danny*, y Arturo González. Ambos eran aliados del cártel del Pacífico, pero los levantones, secuestros y cobro de piso que realizaban, desaprobados por los líderes sinaloenses, los alejaron de esa empresa criminal. Se les acusó de "calentar" la plaza. El comportamiento del *Danny* y Arturo es similar al que tuvieron en su momento los líderes de *Los M's*.

En junio los hermanos Núñez Meza fueron desplazados de Durango y sustituidos por otros dos personajes del cártel del Pacífico: Felipe Cabrera y Armando Rosales, *El Lentes*.

Éstos recibieron la orden de limpiar la región lagunera de Durango y penetrar en Torreón. En principio iban contra *El Danny* Ortiz y Arturo González. La idea era que Cabrera y Rosales asumieran el control de La Laguna de Durango para el cártel del Pacífico.

Según versiones de la SSP, Mario y Fidel Núñez están escondidos y no hay pistas de su ubicación. De su hermano Amado, *El M 12*, se sabe que se alineó con el cártel de Juárez y lo ubican en la ciudad fronteriza.

Según la Segob, en febrero la alianza *Zetas*-Juárez-Beltrán se concentraba al menos en 20 municipios de Durango: San Bernardo, El Oro, Indé, Hidalgo, Mapimí, Tlahualilo, San Pedro del

Gallo, San Luis del Cordero, Rodeo, Coneto de Comonfort, Nuevo Ideal, San Juan del Río, Peñón Blanco, Poanas, Nombre de Dios, Santa Clara, Guadalupe Victoria, Cuencamé, Simón Bolívar y San Juan de Guadalupe.

El cártel de Sinaloa se ubicaba en nueve: Ocampo, Guanaceví, Topia, Tamazula, Canelas, Otáez, San Dimas, Pueblo Nuevo y Durango, la capital.

Y la disputa entre ambos grupos se limitaba a ocho municipios: Tepehuanes, Santiago Papasquiaro, Gómez Palacio, Lerdo, Súchil, Mezquital, Pánuco de Coronado y Canatlán.

A partir de la salida de los líderes de Los M's de Durango, el mapa criminal se modificó:

La presencia de Los Zetas se redujo a cinco municipios: Cuencamé, Rodeo, Vicente Guerrero, Súchil y Poanas, además de dos –Santiago Papasquiaro y Tepehuanes– donde domina Armando Corral, representante del cártel de Juárez en alianza con Los Zetas.

En Lerdo y Gómez Palacio, la administración está a cargo de El Danny Ortiz y Arturo González, pero ahora con dificultades con sus jefes sinaloenses por haber "calentado" la plaza. El resto de los municipios está en poder de la dupla Cabrera-Rosales, que tiene el encargo de desplazar a Ortiz y González a fin de recuperar el control y enfriar la plaza.

También tienen la consigna de controlar los municipios coahuilenses de Torreón, Francisco I. Madero, Viesca, Matamoros y San Pedro de las Colonias. Ante los embates del cártel de Sinaloa, Los Zetas se replegaron a estos dos últimos municipios. Y Los M's han sido empujados por Los Cabrera a la colonia La Durangueña de Gómez Palacio.

Incluso los ocho detenidos por la PF, el 19 de agosto, en Gómez Palacio, pertenecían a Los M's. Según la PGR, el ataque que sufrieron los policías municipales de Torreón, Coahuila, afuera del estadio de futbol, vino del cártel de Sinaloa y supuestamente fue una venganza por aquella detención.

EL
ASESINATO
DEL CARDENAL

5 de junio de 1993

Dudas, incredulidad, indignación

Alberto Aguirre y Felipe Cobián

GUADALAJARA, JAL.- La confusión, las contradicciones, la indignación, las dudas y la incredulidad por las versiones oficiales sobre el acribillamiento del cardenal Juan Jesús Posadas Ocampo van en aumento.

Una serie de curiosas "coincidencias" confluyen en los hechos: El casual encuentro de dos bandas de narcotraficantes en el aeropuerto, la de *El Chapo* Guzmán, que salía de descanso a Puerto Vallarta, y la de los Arellano Félix, que regresaba a Tijuana, tras 12 días de búsqueda infructuosa de *El Chapo* para "ajusticiarlo";

el hecho de que el prelado llega en ese mismo instante atrás del carro de El Chapo en un Grand Marquís, "como los que les gustan a los narcos"; la obstrucción del tránsito frente al aeropuerto por varias unidades bancarias blindadas; la paciente espera de 20 minutos de un avión de Aeroméxico que los pistoleros abordan armados y sin pases, tras irrumpir en la pista por una de las bandas de equipaje; y el despegue de la nave comercial de una terminal aérea cerrada.

Y otras "coincidencias": De la media docena de judiciales federales destacados en el aeropuerto Miguel Hidalgo, sólo había uno o dos y de pronto nadie supo qué pasó con ellos; la ausencia de guardia en los hangares de la Procuraduría General de la República, que podría haber perseguido con algunos de sus 15 helicópteros –y con el personal que debe haber– a los malhechores. Y la más extraña de las "coincidencias": Cuatro sujetos disparan contra el carro blanco del cardenal que iba a la retaguardia del Buick verde de El Chapo, quien supuestamente no fue tiroteado, sino hasta que salió del estacionamiento, y resulta ileso.

Algo discordante: Los detenidos Alberto Bayardo Robles, Juan Enrique Vascones Hernández y Ramón Torres Méndez, presuntos pistoleros de los Arellano Félix, enemigos de El Chapo y de El Güero Palma, declararon ministerialmente que nadie sabía que El Chapo, supuesto objetivo del atentado que se preparó, tenía un Grand Marquís blanco.

Todos estos factores debilitan la versión de la PGR y de la Procuraduría de Justicia de Jalisco de que el asesinato del arzobispo de Guadalajara se debió a una "confusión".

◆ ◆ ◆

En tanto, a partir del lunes 31 de mayo –ocho días después de los sucesos– el director del Servicio Médico Forense desde hace más de 30 años, Mario Rivas Souza, se vio obligado a tomar unas vacaciones luego de "sentirse muy presionado" por el gobierno del estado a raíz de la afirmación que hizo a los medios de comunicación de que los disparos contra Posadas Ocampo "fueron directísimos".

Rivas Souza, un prestigiado legista y catedrático universitario, no ha sido despedido y este 7 de junio deberá reintegrarse a sus labores, dicen en el Semefo.

Según las opiniones de partidos políticos, asociaciones civiles, grupos de académicos y otras organizaciones sociales, toda la acción oficial "está dirigida a exonerar a los agentes judiciales". Esta intención –sostienen– es evidente con los informes presentados por las autoridades judiciales –que a nadie satisfacen– y con la apresurada consignación de los nueve inculpados, convertidos en "chivos expiatorios".

Conforme avanzaban las investigaciones la semana pasada, surgían elementos que involucraban directa e indirectamente a elementos de distintas corporaciones policiacas en el tiroteo del aeropuerto.

El 31 de mayo se supo de la captura del "comandante" y jefe de grupo de la Policía Judicial Federal, Édgar Antonio García Dávila, hijo de un militar, a quien inicialmente su esposa había dado por secuestrado. La señora de García Dávila había dicho que su cónyuge fue secuestrado de su residencia en el exclusivo fraccionamiento Bugambilias, el martes pasado, por varios sujetos fuertemente armados. Después trascendió que lo capturaron judiciales de Jalisco.

Se informó luego que García acostumbraba brindarle protección a El Chapo y su gente, y que el 24 de mayo estuvo presente e incluso participó en el tiroteo del aeropuerto donde fue ametrallado el cardenal Posadas.

Los detenidos, Bartolo Pineda Medrano, Francisco Cárdenas Luque y Víctor Manuel Mena Solís, habían declarado el lunes que García Dávila era escolta de El Chapo y que había participado en los hechos junto con dos agentes judiciales de Morelos que identificaron con los apellidos Tiberio y Tinoco.

Ese mismo día se informó sobre la detención en la ciudad de Tijuana de Juan Enrique Vascones Hernández El Puma y de Ramón Torres Méndez El Spunky, quienes afirmaron que fueron contratados hace tres meses por Alfredo Araujo, lugarteniente de los hermanos Arellano Félix, para asesinar a El Chapo Guzmán.

Dijeron que formaban parte de un comando compuesto por 12 personas y que llegaron a esta ciudad hace tres semanas. Estudiaron las costumbres del capo de Sinaloa, ubicaron las casas de seguridad, recibieron las armas de Tijuana y estuvieron atentos a sus movimientos para emboscarlo.

También se presume que se "protegió" a los narcotraficantes por permitir la huida de los pistoleros que contrataron los hermanos Arellano Félix, en el vuelo 110 de Aeroméxico. De acuerdo con las investigaciones, dos de las ocho personas que fueron identificadas como participantes en la balacera abordaron el avión luego de presentar credenciales de la Policía Judicial Federal.

Nadie sabe a ciencia cierta cómo fue que huyeron los pistoleros. Instantes después de que ocurrió la balacera del 24 de mayo, el administrador del aeropuerto, Dagoberto Cortés Verdugo, ordenó el cierre de la terminal. Empleados del aeropuerto informaron que la única forma que encontraron para abordar la nave fue cruzando la zona donde se recibe el equipaje, para luego entrar directamente a la pista de aterrizaje.

Casi una hora debieron esperar los pasajeros de ese vuelo, que debía partir a las 4:00 de la tarde, para despegar hacia Tijuana. Les explicaron que estaban "esperando a unos pasajeros". El supervisor de operaciones de la línea aérea fue quien autorizó el retraso.

Esperaban a los pistoleros, según el testimonio de los integrantes de la tripulación del vuelo, que fueron interrogados por la PGR. Ellos recordaron que los últimos pasajeros "llegaron corriendo al avión, subieron las escaleras y rápidamente ocuparon sus lugares". Casi de inmediato el avión despegó.

Para entonces, hacía más de media hora que había arribado a la terminal aérea el vuelo 224 de Mexicana. Los 150 pasajeros que venían en él, entre ellos el embajador del Vaticano, Jerónimo Prigione, fueron obligados a permanecer en sus lugares "por razones de seguridad".

Entrevistado en sus oficinas, el administrador de la terminal aérea sostuvo que, a pesar de que estaba prohibido cualquier tráfico aéreo, "no pude hacer nada" para evitar que el vuelo 110 de Aeroméxico saliera. A pesar de que es la torre de control la única que autoriza aterrizajes y despegues, Cortés Verdugo sostiene que "los únicos responsables son los encargados de administrar la línea aérea. Fue de ellos la decisión de despegar".

Cuatro días después de la matanza, el 28 de mayo, las investigaciones oficiales descartaban la posibilidad de que hubieran participado agentes de la Policía Judicial Federal. En un comunicado conjunto, la PGR y la PJF indicaban que las detenciones de los implicados se estaban efectuando y que pronto caerían los hermanos Arellano Félix, *El Chapo* Guzmán y *El Güero* Palma.

Se aceptó que en el aeropuerto de la ciudad de Guadalajara existe un destacamento de la PJF con dos miembros permanentemente de guardia. El día de los hechos –"por razones de la hora", se aduce– sólo un agente, Alejandro Jiménez Reyes, se encontraba en el lugar.

También se negó que algún agente de esa corporación estuviera relacionado con los hechos. Sin embargo, el 30 de mayo había sido detenido Édgar Antonio García Dávila, comandante de grupo de la PJF e hijo de un exfuncionario de la Procuraduría de Justicia de la entidad.

Sobre su detención, en ese entonces se comentó: "No tiene ninguna relación con los homicidios del aeropuerto".

Desde ese día las autoridades judiciales comenzaron a detectar "casas de seguridad" diseminadas por toda la ciudad de Guadalajara. Las "narcorresidencias" –como se les conoce aquí– fueron ubicadas gracias a los testimonios de Alberto Bayardo, quien guió a la policía a tres propiedades de los hermanos Arellano Félix.

Al día siguiente la PGR informó sobre la detención de Hernán Medina Pantoja, administrador de los bienes de *El Chapo* Guzmán, quien reveló la ubicación de tres casas de seguridad en esta ciudad. En total fueron descubiertas siete viviendas en zonas residenciales, que las dos bandas de narcotraficantes utilizan habitualmente y en las que la Policía Judicial encontró armas, vehículos blindados y droga.

El 29 de mayo el Ministerio Público ejerció acción penal contra los pistoleros detenidos, que fueron turnados a juzgados del fuero común, y se ordenó la consignación, en ausencia, de Héctor Luis *El Güero* Palma, Joaquín *El Chapo* Guzmán, los hermanos Ramón Benjamín y Francisco Javier Arellano Félix y 16 personas más que no fueron plenamente identificadas. De inmediato se giraron órdenes de aprehensión contra puros alias: *El Magui*, *El Smoking*, *El Happy*, *El Cougar*, *Zig-Zag*, *El Droopie*, *El Doctor*, *El Tarzán*, *El Pollo*...

El 31 de mayo las dependencias dieron a conocer otro "avance" de la investigación. Optimistas, en conferencia de prensa, el fiscal encargado por el Procurador General de la República de atender el caso, Juan Antonio García Torres; el gobernador Carlos Rivera Aceves, y el procurador de Justicia, Leobardo Larios Guzmán ofrecieron una versión "más completa" de los hechos. Rivera Aceves presumió: "Gran parte del éxito de las investigaciones se finca en la perfecta coordinación entre las dependencias encargadas de las diligencias".

El informe que las autoridades presentaron ese día lo leyó el subprocurador Juan Antonio García Torres. Se insiste en la versión de la "casualidad".

Pero lo que García Torres omitió fueron las versiones –no desmentidas– de testigos de los hechos, que señalan que los pistoleros dispararon al obispo de Guadalajara a boca de jarro. En la Cruz Roja, a donde fue trasladado el cadáver del cardenal Posadas Ocampo, los médicos legistas se asombraron porque un tiro entró en la base del cuello y "floreó". Según ellos "fue un impacto hecho a una distancia menor de un metro".

Más: De acuerdo con las declaraciones que los siete detenidos hicieron ante el agente del Ministerio Público –cuyas copias obtuvo **Proceso**– y que ratificaron en los juzgados, nunca se confirma la presencia de un comando organizado que se hubiera apostado en el estacionamiento del aeropuerto Miguel Hidalgo para acribillar al jefe del cártel de Sinaloa.

Por otra parte las autoridades manejaron parcialmente, de manera dolosa, las declaraciones de los testigos: En efecto, identifican a El *Chapo* Guzmán en la escena del crimen pero señalan que los agresores dispararon directamente contra los tripulantes del Grand Marquís blanco.

Además, según dijeron los testigos a las autoridades, después de que ese vehículo fue acribillado, los ocupantes del Buick verde corrieron al interior de la terminal aérea y los atacantes los persiguieron. En ese momento fue cuando dispararon contra una señora y un hombre joven.

La descripción de la huida de los narcotraficantes no le cuadra a las autoridades. Explicaron que El *Chapo* logró escabullirse de sus presuntos ejecutores en un taxi que lo trasladó al centro de la ciudad y que luego se perdió.

Para colmo, los testimonios que se asentaron en la averiguación previa 13601/93 coinciden en que cuatro personas, que se identificaron posteriormente como integrantes de la banda de El *Güero* Palma, huyeron del escenario del crimen a bordo de un taxi. Las autoridades sostuvieron que en ese taxi se escabulló el capo, pero uno de sus escoltas, Bartolo Pineda Medrano, aseguró que su jefe logró ingresar en el aeropuerto y que él, con sus compañeros Víctor Manuel Mena Solís y Francisco Cárdenas Luque, eran quienes viajaban en el automóvil de alquiler.

En esa conferencia los funcionarios presentaron a los medios una "planometría", consistente en una gráfica del escenario del atentado, que sin embargo no ubicó con exactitud los vehículos de los narcotraficantes ni a los comandos que supuestamente se enfrentaron.

Desde el mismo día que mataron al cardenal, Juan Antonio García Torres, subprocurador de la PGR, encabeza las investigaciones. Este fue delegado de la fiscalía de la nación durante muchos años, en tiempo de Flavio Romero de Velasco, con quien no hizo amistad y hasta llegó a tener fricciones.

En ese tiempo era común que los agentes judiciales federales se hospedaran en el motel Américas, que luego sería señalado como una de las propiedades de Miguel Ángel Félix Gallardo.

Posteriormente, en el sexenio de Enrique Álvarez del Castillo hizo amistad con el gobernador y éste, que ha sido involucrado en el caso Camarena, se lo llevó a la PGR cuando fue designado su titular, al inicio de la presente administración.

◆ ◆ ◆

Entre los detenidos aparecen tres de los guardaespaldas de Joaquín Guzmán Loera: Bartolo Pineda Medrano, Víctor Manuel Mena Solís y Francisco Cárdenas Luque. En sus declaraciones –que rindieron ante el Ministerio Público el 31 de mayo– hacen revelaciones que asombraron a los investigadores.

Curiosamente los tres declararon que se dedicaban a la carpintería y que ganaban 10 mil nuevos pesos al mes. "Sin ser sometidos a presiones psicológicas o de ninguna otra especie" –se asienta en la averiguación previa–, confesaron que eran empleados de Joaquín *El Chapo* Guzmán; cuidaban de su esposa Alejandrina y de sus hijos Óscar, Lisset, Archivaldo y Jesús Alfredo.

En su confesión relataron detalladamente las balaceras en las que han participado: En los últimos 10 meses secuestraron y ejecutaron a más de 25 personas en los estados de Sinaloa, Jalisco, Guerrero y Michoacán.

Otro de ellos, Hernán Medina Pantoja, aceptó ser el administrador de los bienes del narcotraficante y aportó datos acerca de su presencia pública en esta ciudad.

Empleados del aeropuerto de Guadalajara y del hotel Holiday Inn, que también tuvieron que rendir declaración ante el Ministerio Público, identificaron fácilmente a *El Chapo* Guzmán y dijeron que era muy común verlo en restaurantes y sitios de convivencia social.

Al rendir su declaración ante el juez noveno de lo criminal Francisco Antonio Novoa, Cárdenas Luque explicó a las autoridades cómo obtuvieron esas credenciales: "*El Chapo* Guzmán las conseguía en la Procuraduría General de la República, directamente al Distrito Federal".

Y fue más allá en sus revelaciones: "... (El *Chapo*) paga a todos los jefes de las policías federales, estatales y municipales, les da buenos regalos y buenos vehículos... les paga para que lo protejan".

También refirió que uno de los teléfonos celulares que usa *El Chapo* es el 9036 77 39 37 y que el narcotraficante "siempre está armado. Le gusta usar una .38 súper bien arreglada, con incrustaciones de diamantes, y siempre bien cuidada, por si se ofrecía".

12 de junio de 1993

Investigaciones confusas

Alberto Aguirre y Felipe Cobián

GUADALAJARA, JAL.- A tres semanas de los sucesos en el aeropuerto internacional de esta ciudad, donde fueron asesinadas siete personas, entre ellas el cardenal Juan Jesús Posadas Ocampo, las investigaciones se confunden y se anulan entre sí.

Aunque al principio se mencionó que el cardenal fue víctima del fuego cruzado en el enfrentamiento entre dos bandas de narcotraficantes –una, la de Joaquín Guzmán, *El Chapo*, y otra, la de los hermanos Arellano Félix– y después se reconoció oficialmente que fue asesinado al ser "confundido" con Guzmán, las autoridades enfocaron todas sus baterías contra *El Chapo* y su gente y se olvidaron de los presuntos agresores.

Los operativos policiacos en ésta y otras ciudades del país se han dirigido contra las actividades del llamado cártel de Sinaloa y sólo tangencial y ocasionalmente se ha inmiscuido a los hermanos Ramón, Benjamín, Francisco y Javier Arellano Félix, del cártel de Tijuana, a pesar de que son los presuntos responsables de la muerte de Posadas Ocampo y seis personas más.

Informaciones obtenidas por los reporteros en Estados Unidos señalan que Francisco Arellano fue detenido en una colonia residencial de Tijuana, horas después de haber llegado al aeropuerto local procedente de Guadalajara, el mismo día del tiroteo, el 24 de mayo.

Los hermanos Arellano volaron ese día de Guadalajara a Tijuana con seis de sus pistoleros en un avión de Aeroméxico que los esperó más de 20 minutos en la plataforma; subieron al aparato, algunos sin sus respectivos pases de abordar, identificándose como agentes de la Policía Judicial Federal.

En forma inexplicable Francisco quedó en libertad después de permanecer varias horas detenido. Sus captores, según la fuente, pertenecían a la Judicial Federal.

En este contexto las pesquisas de las procuradurías General de la República y de Jalisco podrían desembocar en un callejón sin salida que impida esclarecer la muerte del prelado y de las otras seis personas.

Las investigaciones aquí han conducido a las autoridades a la detención de 21 personas, entre ellas 13 policías que presumiblemente sirvieron directa o indirectamente a El Chapo Guzmán, pero no se han aproximado al objetivo fundamental de las pesquisas: detener a los responsables de los asesinatos.

A pesar de la consignación de elementos de distintas corporaciones policiacas, entre ellos el teniente coronel Francisco Antonio Bejos Camacho, director de la Policía Judicial de Jalisco, y el excomandante de la PJF Salvador Peralta Pérez, delegado de la PGR en Jalisco hasta finales del año pasado, prevalecen las contradicciones y las imprecisiones en las versiones oficiales.

Estas detenciones, según abogados e inculpados, corresponden a un manejo "doloso" del caso y podrían estarse fabricando culpables o capturando a los menos responsables "sólo para dar golpes publicitarios" y desviar la atención.

La noche del 7 de junio se anunciaron las detenciones de Bejos Camacho y Peralta Pérez, del comandante Daniel Zárate Rodríguez y del agente César Pérez Pérez, ambos de la PJF, los que, según la versión oficial, fueron "comprados" por el cártel de Sinaloa, al igual que Jorge Abel Macías, secretario de la Judicial del Estado, y el director de la Policía Municipal de Zapopan, profesor Luis Octavio López Vega. A última hora resultó que éste no había sido capturado y desapareció de la ciudad.

Según la Procuraduría de Justicia estatal, dos de los primeros detenidos –Bartolo Pineda Medrano, chofer de Guzmán, y Hernán Medina Pantoja, su prestanombres y administrador– declararon ministerialmente contra Bejos Camacho y Peralta Pérez.

Pero hay algunas cosas que no concuerdan en la versión oficial: Ambos, al rendir su declaración preparatoria, según se asienta en la averiguación previa 13601/93, nunca mencionan a los inculpados, a pesar de que expresaron que *El Chapo* sobornaba a jefes policiacos.

Según el informe de la Procuraduría, Pineda Medrano aseguró que tanto al titular de la Judicial estatal como al comandante de la policía municipal, Santiago Ochoa –actualmente prófugo–, les entregó regalos y 10 mil dólares que les había enviado su patrón en una bolsa de papel, y que otro tanto se hizo con López Vega, para que les brindaran protección.

Tanto Bejos Camacho como Peralta Pérez, quienes supuestamente habían aceptado ante el Ministerio Público Federal su vinculación con el narcotraficante, rechazaron las imputaciones. El exdirector de la Judicial dijo que se trataba de una infamia y agregó que, según el procurador Larios, fue detenido cerca de su oficina, el 5 de junio a las 10 de la mañana, pero aclaró: "Yo no fui detenido; me llamó el comandante de la XV Zona Militar para que me presentara. Llegué el sábado a las siete de la mañana, y me dijo que me estaban involucrando en ciertas cosas y de ahí me trasladaron a rendir mi primera declaración, pero jamás fui detenido".

En la mesa de prácticas del juzgado federal, Bartolo Pineda desconoció sus supuestas afirmaciones, dijo que se las sacaron a la fuerza –bajo presión psicológica y golpes– y que incluso se desmayó en dos ocasiones. Subrayó que jamás entregó dinero ni otros regalos a ninguno de los inculpados.

Para sustituir a Bejos Camacho –ingeniero y catedrático universitario, poseedor de una fortuna de aproximadamente 600 millones de pesos, incluida su casa, según su versión– fue designado el capitán Fidel Antonio Cancino Albores, quien se implicó en un doble y sangriento asalto bancario en Colima, ocurrido el 28 de septiembre de 1983, en el que fue asesinado un sobrino de la entonces gobernadora Griselda Álvarez. Ante las imputaciones, el 11 de junio Cancino Albores fue removido.

Antes de la detención de los elementos policiacos habían sido capturadas nueve personas relacionadas con la balacera en el aeropuerto: Édgar Antonio García Dávila, jefe de grupo de la Policía Judicial Federal, quien reconoció haber hecho trabajo de "muro" y encubrir la huida de los Arellano Félix luego del tiroteo; Jesús Alberto Bayardo Robles, que aceptó haber venido con los gatilleros que pretendían ultimar a *El Chapo* Guzmán, y los jóvenes Juan Enrique Vascones Hernández y Ramón Torres Hernández, pertenecientes también al grupo de los Arellano Félix.

Los otros detenidos han sido acusados de ser miembros de la banda o de estar al servicio de *El Güero* Palma y *El Chapo*. Se trata de Manuel Mena Solís o Jaime Monzón Ramírez, Francisco Cárdenas Luque, Hernán Medina Pantoja, Bartolomé Pineda Medrano, Israel Angulo Cázares y Emilio Vázquez.

Las autoridades judiciales cambiaron radicalmente la forma de presentar los "avances" de la investigación. Ya no realizaron conferencias de prensa abiertas y mediante boletines informativos proporcionaron datos a la prensa. Extrañamente "desapareció" de las investigaciones el subprocurador Juan Antonio García Torres, quien presuntamente estuvo involucrado con el narcotraficante Miguel Ángel Félix Gallardo cuando era delegado de la PGR en Jalisco.

De acuerdo con información proporcionada por el diputado local priista Samuel Romero Valle, los comandantes Salvador Peralta Pérez y Daniel Zárate Rodríguez fueron escoltas del gobernador interino Carlos Rivera Aceves cuando era presidente del Comité Directivo Estatal del PRI. Según el mismo legislador, Jorge González Moncayo, subdirector administrativo del Departamento de Seguridad Pública del gobierno estatal, que anteriormente fue chofer y guardaespaldas de Rivera Aceves, expidió licencias de manejo a miembros de la banda de *El Chapo*.

Declaraciones bajo tortura

El abogado de Daniel Zárate Rodríguez y César Pérez Pérez, Raúl Sánchez González, denunció que tanto a sus clientes como a otros inculpados por el caso de la matanza del 24 de mayo los han torturado, independientemente de que se ha violado la Constitución al hacerlos comparecer ante autoridades militares y en cuarteles del Ejército.

"Se están violando las leyes en este nivel, en un juicio en el que debe haber claridad en la forma como se integre la averiguación. No fue clara la manera de hacer las cosas. Pudieron haber gozado de garantías individuales, y no las tuvieron; fueron compelidos a declarar en su contra", expresó.

Y agregó: "Algo muy importante es que todos coinciden al describir cómo fueron las torturas y cómo se las aplicaron. Los nombres de quienes los torturaron vendrán por escrito en sus declaraciones certificadas. La opinión pública debe saber esto".

El procurador jalisciense reconoció, el 9 de junio, que las averiguaciones del caso, por su complejidad, se han hecho ante autoridades militares, pero aseguró que no han sido arrancadas bajo presión.

En las indagaciones existen evidencias sobre la participación de los hermanos Arellano Félix en la balacera del 24 de mayo en el aeropuerto. Pero su responsabilidad se diluye.

Uno de los testimonios que aporta más datos es el de Alberto *El Gory* Bayardo Robles, el pistolero al que el procurador Jorge Carpizo describió como un ebrio "que se caía de drogado" cuando fue detenido, el mismo día de los hechos.

En sus declaraciones ministeriales Bayardo Robles aseguró que contaban con la protección de la Policía Judicial Federal: "Mis patrones siempre andaban armados y se encubrían con credenciales de la PGR (...) De retirado (de lejos) les veía conchas metálicas de policías judiciales federales".

También relató que los Arellano Félix le pidieron "que con mis contactos en el Ejército consiguiera uniformes para despistar a las autoridades y poder huir". No los consiguió, pero otro de los pistoleros obtuvo "4 o 5 juegos de uniformes militares en la Ciudad de México: uno de teniente, otro de subteniente, otro de sargento y dos de soldados rasos". Pagaron 300 dólares por cada uno.

En una camioneta Cheyenne roja, requisada del aeropuerto con cargadores para *cuerno de chivo* y granadas de fragmentación, también había un uniforme militar. Según la Procuraduría de Justicia jalisciense, el uniforme era "falso", a pesar de que tenía las etiquetas de la Sedena. En el uniforme se encontró un permiso para portación de armas de fuego, perteneciente al teniente Carlos Castro Peña, escolta del comandante de brigada

José Domingo Ramírez Garrido Abreu, exdirector de la policía del Distrito Federal.

Según Bayardo Robles, con Alfredo Araujo, *El Popeye*, organizó al grupo de sicarios que iban a asesinar a *El Chapo* Guzmán. Viajaron en pequeños grupos a Guadalajara y todos estaban reunidos el 20 de mayo. Pasaron tres días buscando al narcotraficante y no lo encontraron.

Sobre lo que pasó el 24 de mayo dijo que ese día, muy temprano, se reunieron con Ramón Arellano Félix quien les dijo que se regresarían a Tijuana porque "el jale ya no se haría". Entonces repartieron dinero para que hicieran compras personales y acordaron que se encontrarían en el aeropuerto. Las armas largas que les dieron en Guadalajara –aseguró– se quedaron en las casas, no las llevaban en los vehículos.

A las 3:30 casi todos estaban reunidos frente a las taquillas de documentación de equipaje de Aeroméxico. Subieron a la sala de abordar, pero Bayardo Robles no pudo hacerlo porque estaba muy tomado. Instantes después comenzó la balacera.

Bayardo Robles proporcionó a la policía datos sobre las propiedades de los Arellano Félix y fue trasladado el 30 de mayo a Tijuana para que las identificara. En total se encontraron 14, en las que había armamento y uniformes militares, pero ningún rastro que condujera hacia los Arellano Félix.

También se cuenta con las declaraciones de Juan Enrique Vascones Hernández. Acusados de haber participado en los hechos del 24 de mayo, fueron detenidos en Tijuana por un grupo especial de agentes de la Policía Judicial Federal.

Sus testimonios no han sido tomados en cuenta por las autoridades judiciales, a pesar de que ambos declararon que nunca hubo un complot para asesinar a *El Chapo* Guzmán en el aeropuerto.

Según declaró Juan Enrique Vascones Hernández, viajó a la capital tapatía el 18 de mayo como integrante de un grupo que tenía la intención de asesinar a Joaquín Guzmán. Coincide con Bayardo Robles en que, como no localizaron a *El Chapo*, les ordenaron regresar a Tijuana.

Recordó que en el aeropuerto "recibimos los pases de abordar y tuvimos un problema, porque a *El Gory* (Bayardo Robles) no lo dejaban subir al avión".

Agregó: "Afuera comenzaron los balazos y en el interior del aeropuerto reconocí a *El Chapo* y le disparé con la pistola que mi jefe me dio. No alcancé a darle, tiré mi pistola en uno de los baños y corrí a la salida de los vuelos".

Ramón Torres Hernández, de 23 años, coincide con el relato de los dos anteriores, pero añadió: "Al llegar comencé a ver que habían muchos hombres que portaban 'conchas' (identificaciones) de la Policía Judicial Federal". Pensó que iba a pasar algo malo y decidió caminar al interior de la terminal, comenzó el tiroteo y reaccionó disparando hacia el estacionamiento.

Torres Hernández también identificó a *El Chapo* Guzmán en el aeropuerto. Dijo: "Alcancé a ver a varios sujetos juntos, entre ellos estaba *El Chapo*... las gentes que estaban con él llevaban *cuernos de chivo* y comenzaron a disparar cuando huían".

La Procuraduría de Justicia estatal, al remitirlos al juzgado, comenta que de acuerdo con un dictamen pericial, los dos detenidos mostraban huellas de tortura.

Para determinar cómo comenzó la balacera en el aeropuerto, las autoridades judiciales pudieron utilizar los testimonios de otros cuatro jóvenes que estuvieron en la escena del crimen, pero también los ignoraron.

Se trata de las declaraciones de los hermanos David, Elías y Rodrigo Navarro de la Torre, así como de Efraín Vázquez Jiménez, quienes, extrañamente, fueron trasladados a la Ciudad de México para presentarlos ante el Ministerio Público Federal adscrito a la Dirección de Averiguaciones Previas de la PGR, Miguel Severino Chávez, el 30 de mayo.

David Navarro de la Torre, según consta en la declaración previa, arribaba a Guadalajara procedente de Mazatlán; cuando estaba en el estacionamiento alcanzó a ver que llegaba la camioneta de sus hermanos, con un amigo, y levantó las manos para hacerles señas. Justo atrás de él escuchó: "Ahí está, ahí está", y comenzaron los disparos.

Su amigo Efraín Vázquez Jiménez declaró que en la misma parte donde ellos estaban, al final del pasillo del estacionamiento, dos hombres portaban armas de fuego. Uno de ellos disparó, como dando una señal, y fue entonces cuando acribillaron el automóvil del cardenal.

Hay otros datos que desconciertan. Según relataron a los reporteros varios taxistas que estuvieron en el lugar, el Buick verde que tripulaba *El Chapo* Guzmán nunca ingresó en el estacionamiento del aeropuerto. El vehículo permaneció fuera, en el circuito que lo rodea, frente a la entrada principal, y había llegado atrás del Grand Marquís del cardenal, y no adelante, como informó la PGR.

Los taxistas consideran que no fueron dos, sino tres, los grupos que participaron en la balacera: el de *El Chapo* y *El Güero* Palma; el de los Arellano Félix y el de la PJF, que brindó protección a los últimos. También señalan que varias de las camionetas con armamento encontradas después por la policía fueron introducidas muy temprano en el estacionamiento y dejadas allí "como listas para algún operativo".

Posadas Ocampo murió, según la exploración que hizo el médico legista Mario Rivas Souza –no se le practicó la autopsia a petición del clero y por concesión tanto del presidente Salinas como de la Procuraduría de Jalisco–, por "impactos múltiples de bala", según se asentó en el certificado de defunción.

En la sala de la Cruz Roja de Guadalajara, a donde fueron llevados su cuerpo y el de su chofer, estuvieron presentes, además de Rivas, dos asistentes de éste, un agente del Ministerio Público del fuero común y uno del federal; los médicos Samuel Altamirano, director de Servicios Médicos de la Cruz Roja, y su médico de cabecera, Alfredo Sandoval Jáuregui.

Estuvieron también, durante un breve lapso, el embajador del Vaticano en México, Jerónimo Prigione, y el sacerdote Óscar Sánchez.

¿Y los Arellano?

El 10 de junio, mientras el gobernador interino Carlos Rivera Aceves calificó como un éxito de la PGR la captura de Joaquín Guzmán Loera en Guatemala, diputados locales de distintos partidos políticos consideraron que falta aclarar quién mató al cardenal y, particularmente, lo que ocurrió con los agresores, los hermanos Arellano Félix, que parece que reciben protección de muy altas esferas gubernamentales, "porque ya ni siquiera se les menciona".

El diputado Sergio Rueda Montoya, del PAN, dijo que la captura de Guzmán Loera "simplemente es la aprehensión de una persona más, como responsable de algún ilícito, pues era el perseguido en el aeropuerto".

Agregó que "falta por aclarar mucho: Con la captura del señor Guzmán, que es la persona a la que se iba a asesinar, nada queda en claro todavía, y ahora parece que se pretende hacer creer que él era el agresor y el culpable, cuando era el objetivo. Entonces, conforme se avanza en las investigaciones, lo que sigue en la cuerda floja es la credibilidad".

En términos similares se expresó el diputado priista Samuel Romero Valle, quien asegura que hay políticos de distintos niveles envueltos en el narcotráfico, lo mismo que empresarios que lavan dinero. "Mientras no se aclare esto y la sociedad quede satisfecha con toda la información que se dé, no habrá una credibilidad absoluta porque solamente se dan avances parciales, logros relativos, muy relativos", manifestó.

Añadió que de ninguna manera, aunque se haya logrado capturar a El Chapo Guzmán, "se puede decir que se dio un golpe al narcotráfico; se dirá cuando se conozcan sus contactos con políticos, gobiernos y funcionarios policiacos. Son golpes importantes, pero no definitivos".

Romero Valle declaró que todo hace suponer que "hay una orientación, un interés de las autoridades, de enfocar toda la atención de los medios y de la opinión pública hacia El Chapo, cuando se supone que es la víctima, que fue el objeto de esta agresión sufrida en el aeropuerto. Fue al que confundieron. Entonces los agresores, los que tuvieron a su servicio a las policías, quienes dispararon contra el cardenal, ¿dónde están?".

Gerardo Ávalos Lemus, diputado perredista, también se interrogó: "¿Qué pasó con los agresores, los Arellano? Ya nadie habla de ellos. Esto levanta mucho más polvo, porque si al que iban a matar era a El Chapo, y es sólo a El Chapo al que detienen, ¿dónde están los atacantes, que son los que acribillan al cardenal?".

El obispo auxiliar y administrador diocesano, José Guadalupe Martín Rábago, expresó que pese a la captura de Guzmán Loera las investigaciones deben seguir: "El pueblo aplaude esta medida y pide se profundicen las indagaciones sobre el grave problema del narcotráfico, para que pueda haber paz social".

Desde hace una semana decenas de habitantes de esta ciudad han recibido llamadas telefónicas de una empresa dedicada a levantar encuestas –que no se identifica– para preguntarles su opinión sobre el desarrollo de las investigaciones en torno de la muerte del cardenal Juan Jesús Posadas Ocampo.

Entre otras cosas se les pregunta: ¿Están conformes con las investigaciones para esclarecer la muerte del señor cardenal? ¿Creen en la versión que las autoridades han difundido de los hechos? ¿Están satisfechos con la actitud que ha tomado el presidente Carlos Salinas de Gortari?

LA CÁRCEL
EFÍMERA

12 de junio de 1993

Una captura
bajo sospecha

Carlos Acosta y Francisco López Vargas

Ni los tropezones del boletín oficial que leyó Jorge Carpizo McGregor le borraron la euforia del rostro.

La mañana del 10 de junio, en Los Pinos, un entusiasta procurador General de la República sujetaba en la diestra un texto lleno de tachaduras, múltiples borrones y un sinnúmero de anotaciones. Lejos de la imagen del funcionario concluyente, a veces impulsivo y enérgico que habla en las oficinas de la PGR, Carpizo dio a conocer la captura de Joaquín *El Chapo* Guzmán en Guatemala, con cinco personas de su grupo más cercano.

Más tardó el procurador en dar a conocer esta versión oficial, que diversas autoridades guatemaltecas en desmentirla: Allá, hasta el 11 de junio nadie sabía nada del asunto, ni querían saber.

Los organizadores del que se pretendió espectacular anuncio abarrotaron el Salón Carranza de la residencia oficial de Los Pinos con reporteros nacionales, fotógrafos y camarógrafos de todos los medios.

Pero aun por encima del anuncio de la captura del narcotraficante, Carpizo puso todo el énfasis en la "confirmación" de la que ha sido la tesis oficial sobre la muerte del cardenal Juan Jesús Posadas Ocampo, basada en la "confesión" de El Chapo Guzmán. Tesis que ya estaba impresa –dos días después de la balacera– en un discurso del presidente Salinas, muchas horas antes de que oficialmente la sustentara la PGR: "Fue una confusión".

En Tapachula, Chiapas, un impresionante operativo de la Policía Judicial Federal cercó las calles 3a. y 1a. Los elementos de la corporación se dirigieron a la calle 5a. Oriente e irrumpieron en la residencia marcada con el número 10. Los vecinos del lugar aseguraron que ahí fue detenido Joaquín El Chapo Guzmán, después de que éste se paseó tranquilamente por las calles de esta ciudad y de San Cristóbal de Las Casas durante varios días, según informes enviados por los reporteros locales Roberto del Solar Peña y Julio César López.

El 11 de junio, la columna Pesquisa, del vespertino Cuestión, manejó la versión de que El Chapo habría sido capturado no en Guatemala, como dice Carpizo, sino en un rancho de Javier Coello Trejo, el exsubprocurador de la Lucha Contra el Narcotráfico de la PGR.

Triunfalismo

La noticia de la captura de El Chapo Guzmán comenzó a filtrarse desde la noche del 9 de junio y el 10 por la mañana se ofreció en radio y televisión. "Es extraoficial", subrayaban los locutores, pero ya daban por hecho una conferencia de prensa a las 10:30 de la mañana, aunque todavía dudaban si sería en la PGR o en Los Pinos.

A las 11 de la mañana Carpizo apareció flanqueado por el director de Comunicación Social de la Presidencia de la República, José Carreño Carlón. El procurador informó que El Chapo Guzmán fue detenido a las 12:00 horas del 9 de junio, "cuando autoridades de Guatemala lo entregaron, junto con cinco personas de su grupo más cercano, a la Procuraduría General de la República, apoyada por miembros del Ejército Mexicano, quienes colaboraron con gran eficacia y compromiso".

Carpizo abundó en detalles: La entrega de Guzmán Loera fue en el puente internacional de Talismán, sobre el río Suchiate. Con él fueron detenidos los miembros más importantes de la banda: Martín Moreno Valdés, Manuel Castro Meza, Baldemar Escobar Barrasa, Antonio Mendoza Cruz y María del Rocío del Villar Becerra, dijo.

El procurador habló de una buena coordinación entre PGR y Ejército y de la eficacia de ambas instituciones en la lucha contra el narcotráfico.

Las autoridades, dijo, habían detectado el 31 de mayo que el capo y su banda se encontraban en la zona fronteriza de Chiapas, y que al ser perseguidos mediante un gran operativo pasaron a territorio guatemalteco, donde fueron detenidos por autoridades de ese país.

Mortal "confusión"

Fuera de un par de trastabilleos en la lectura, el procurador sólo cambió el tono de su voz cuando reiteró la tesis oficial de la muerte del cardenal Posadas.

Leyó Carpizo: "(En) el avión en que se les trasladó rumbo a la ciudad de Toluca, *El Chapo* Guzmán, enfrente de funcionarios de la Procuraduría General de la República y del Ejército Mexicano, manifestó ante ellos, y posteriormente lo ha ratificado en declaración ministerial, que el día 24 de mayo sí estuvo en el aeropuerto internacional de Guadalajara, porque iba a volar a Puerto Vallarta. Señaló que cuando bajaba de su vehículo Buick, un Century azul intentó pasar por el lado derecho, pero como estaba abierta la portezuela del Buick, ésta obstruía el paso; que le hizo una seña al chofer de ese vehículo para que se esperara; que en ese momento Martín Moreno Valdés, quien lo acompañaba, le avisó que gente armada se estaba bajando de varios vehículos, los que de inmediato empezaron a disparar sobre ellos, y que, dentro de la confusión, posteriormente logró escapar en un taxi.

"Asimismo –continuó Carpizo–, declaró que durante el enfrentamiento observó que estaban presentes dos de los hermanos Arellano Félix y que atrás de su coche se encontraba un Grand Marquís blanco. Ahora sabe que en él viajaba el señor cardenal Posadas Ocampo. Afirma que de ello se enteró posteriormente por los medios."

El procurador dejó entrever el ánimo de las autoridades por defender sus tesis iniciales –apresuradas y de alguna manera irresponsables, según opinión del episcopado mexicano–: "Las declaraciones ministeriales de El Chapo Guzmán confirman, en lo esencial, las investigaciones y resultados de esos hechos que sobre la muerte del señor cardenal y seis personas más, la Procuraduría General de la República ha venido dando a conocer a la opinión pública".

Con la detención de Joaquín Guzmán Loera y sus secuaces, dijo Carpizo, "el gobierno de la República está cumpliendo el compromiso que hizo al pueblo mexicano de que las investigaciones se harían con seriedad y profundidad y que se aplicará estrictamente la ley a todas las personas involucradas en esos homicidios".

Sorpresa chapina

En Guatemala es como si nadie supiera nada del asunto, aunque formalmente ya ha sido desmentida la participación de diferentes corporaciones chapinas.

La misma noche del 10 de junio, después del anuncio oficial de Carpizo sobre la captura de El Chapo Guzmán, y de que aseguró que "autoridades de Guatemala lo entregaron", las principales corporaciones de este país lo negaron en entrevistas telefónicas con el corresponsal Francisco López Vargas.

De plano aseguraron que no hubo tal aprehensión y que nunca se trasladó a El Chapo Guzmán desde territorio guatemalteco a suelo mexicano.

Elementos de la Dirección de Información y Difusión del Ejército de Guatemala negaron tener conocimiento del operativo y aseguraron que "si lo hubo", la información podría ser proporcionada por la Secretaría de Relaciones Públicas de la Presidencia, donde nadie pudo informar debido a que, con el cambio de gobierno, permanecía acéfala hasta la tarde del 11 de junio.

Jorge Fernández Paredes, responsable de la garita de Migración en El Carmen, Guatemala, aseguró que nunca cruzó ningún efectivo militar a Talismán, Chiapas, para entregar a ningún detenido, como asegura Carpizo que ocurrió. Expuso que su oficina no tuvo participación y que nunca fue notificado del operativo ni de si se realizó, pero que él no presenció la supuesta entrega de los delincuentes.

"El responsable de la oficina de Migración de Guatemala, Ángel Conté Cohulum, sostuvo que 'legalmente' no hubo la aprehensión y nadie con el nombre de Joaquín Guzmán Loera ha cruzado la frontera de Guatemala con México.

"Para nosotros, es falso que hayamos entregado a nadie, porque ese personaje nunca entró al país", reiteró.

Incluso la oficina responsable del combate al narcotráfico en Guatemala, vinculada estrechamente con la DEA, con la que trabaja coordinadamente, negó saber qué sucedió en el caso de El Chapo Guzmán.

Leonel Díaz, agente de la Guardia de Hacienda, dijo que no tenían ningún indicio de El Chapo Guzmán, ni se enteraron de que estuviera en Guatemala. También negó que hayan tenido participación en la captura del delincuente, "si es que se dio", de lo que no fueron notificados.

"Nosotros trabajamos coordinadamente con la DEA y le puedo garantizar que no hubo aprehensión, ni mucho menos entrega de nadie", dijo.

Por su parte, Gonzalo Figueroa, subcomisario de la Policía Nacional, asentó que en todo el 10 de junio no tuvo ningún informe.

"Mire, aquí nadie sale del país si no hay nuestra anuencia", advirtió.

En eso coincide Absalón Cardona Cardona, jefe de la Policía Nacional de El Carmen, quien sostuvo que la franja fronteriza con México registró actividades normales. Más aún, calificó de "falsas" las versiones del procurador mexicano.

Para algunos funcionarios guatemaltecos lo que pudo haber ocurrido es que las autoridades mexicanas cruzaron ilegalmente su frontera sur, al igual que el delincuente y sus secuaces, e hicieron la aprehensión, si la hubo, también de manera ilegal.

27 de enero de 2001

Puente Grande, puerta abierta

Felipe Cobián

GUADALAJARA, JAL.- Por denuncias de custodios hechas en enero de 2000, que constan en actas de la Comisión Estatal de Derechos Humanos (CEDH), enviadas luego a su homóloga, la Comisión Nacional (CNDH) y por las grabaciones que desde hace un año realiza el Centro de Información y Seguridad Nacional (Cisen), las máximas autoridades penitenciarias y policiacas estaban enteradas del alto grado de indisciplina y corrupción reinante en el penal de máxima seguridad de Puente Grande y no hicieron nada.

Fue necesaria la fuga de Joaquín *El Chapo* Guzmán para que reaccionaran. Y aunque el subsecretario de Seguridad Pública, Jorge Tello Peón, declaró que "no se escapó, lo sacaron", otras versiones señalan que, en una de sus habituales salidas del penal,

Guzmán decidió no regresar porque le avisaron que podría haber cambios drásticos en Puente Grande.

Oficiales de prevención, como se llama formalmente a los custodios, investigadores policiacos y empleados de la CEDH no se explican de otra manera cómo no se fugaron Héctor *El Güero* Palma y Arturo Martínez Herrera, *El Texas* –considerados también jefes del cártel de Sinaloa–, que al lado de Guzmán estaban siempre de acuerdo en todo y obraban de la misma manera.

En enero del año pasado una decena de custodios se quejó ante la CEDH en el sentido de que recibían presiones que violaban sus derechos humanos y laborales, porque no se prestaban a la corrupción existente en el penal; la queja se envió a la CNDH, por tratarse de un reclusorio federal; por comunicaciones enviadas directamente a los inconformes, la Comisión Estatal se enteró de que el asunto iba a ser archivado como cuestión laboral y no como violatorio de los derechos humanos, recuerda la presidenta del organismo, Guadalupe Morfín Otero.

Pese a lo anterior se enviaron a la CNDH más actas circunstanciadas y de comparecencia y quejas. Así transcurrió todo el año 2000. La CEDH solicitó que se guardaran en secreto los nombres de los denunciantes para que no corrieran riesgos.

El 4 de diciembre de 2000 el tercer visitador de la CNDH, José Antonio Bernal Guerrero, envió un oficio a uno de los denunciantes –no a la Comisión Estatal– para informarle que no se podía garantizar su integridad física porque la comisión no cuenta con medios humanos ni físicos para hacerlo, pero que seguirían investigando y que, "de ser el caso, en el momento oportuno se estará en posibilidades de que se realice un pronunciamiento respecto de los actos de corrupción".

El 15 de enero llegaron a Guadalajara dos visitadores de la CNDH, uno de ellos Joel García. Citaron al denunciante en el hotel Laffayette para que los llevara ante el resto de los denunciantes y presionarlos para que se desistieran de sus quejas; algunos lo hicieron.

Al día siguiente, quienes se negaron a firmar el desistimiento fueron aislados, incomunicados y torturados psicológicamente en Puente Grande, y más tarde, ya de madrugada –dijeron los afectados–, los carearon con el director Leonardo Beltrán Santana, con el subdirector jurídico Dorantes Paz, y con el director de Prevención de la Secretaría de Seguridad Pública, Enrique Pérez.

Morfín Otero trató de comunicarse en varias ocasiones con el presidente de la CNDH, José Luis Soberanes, para informarle sobre lo que estaba pasando, pero nunca lo encontró ni obtuvo respuesta. Entonces buscó telefónicamente al secretario de Seguridad Pública, Alejandro Gertz Manero. No lo encontró, pero le dejó toda la información.

Al día siguiente Gertz Manero envió a Guadalajara al subsecretario Jorge Tello Peón, subsecretario de Seguridad Pública en el sexenio pasado y, como tal, con el Cisen a su cargo. Estaba prevista una reunión con la presidenta de la CEDH, pero se suspendió, según Tello, por cuestiones domésticas de Morfín Otero, pero ella lo desmiente:

"Tello me habló desde un celular mientras iba hacia Puente Grande y le manifesté mi intención de recibirlo de inmediato, me di cuenta que estaba con el director del penal; entonces consideré que no había las condiciones de seguridad para que nos reuniéramos. Me dijo que esa persona no subiría a mis oficinas, lo que me pareció una torpeza gravísima. Le dije que no lo recibiría."

El comienzo

El 25 de febrero de 1999 llegaron a Puente Grande, procedentes de Sinaloa, entre otros, Dámaso López Núñez, Carlos Fernando Ochoa López, Luis Francisco Fernández Ruiz, Jesús Vizcaíno Medina, quienes fueron nombrados comandantes de los custodios. A partir de entonces comenzaron la indisciplina y la corrupción.

Según las denuncias de los custodios –consultadas por el reportero–, los presos privilegiados podían introducir la mejor comida y "luego se vio correr el licor y la droga en abundancia, de mariguana hasta cocaína; entraban y salían dólares y también mujeres a toda hora".

Varios de los comandantes trataron de obligarlos a involucrarse en la corrupción y les querían presentar "a los jefes, que son los internos Jesús Héctor Palma Salazar, Joaquín Guzmán Loera y Arturo Martínez Herrera". Recibirían entre mil y 2 mil 500 pesos al presentarse, más 250 pesos por turno que tuviera cada uno de ellos, mientras que uno de sus comandantes, Luis Francisco Fernández Ruiz, recibía mensualmente 10 mil dólares, según las denuncias.

Además –agrega– El Chapo, en una microcomputadora, tenía todos los datos de los custodios como domicilio, teléfono, nombres de familiares... Y señalan que pidieron la protección de la CEDH porque varios fueron golpeados y amenazados por no subordinarse.

El personal de vigilancia introducía desde alimentos y bebidas hasta mujeres.

El 3 de diciembre fue asesinado Juan Castillo Alonso, exsubdirector de Seguridad Interna del penal de máxima seguridad de Almoloya, a quien, según los denunciantes, Guzmán y sus compañeros veían como un posible candidato a ocupar un alto cargo en Puente Grande. Castillo trabajó al lado de Juan Pablo de Tavira, asesinado en Pachuca el 21 de noviembre de 2000.

La fuga

La fuga de El Chapo Guzmán trascendió en la mañana del 20 de enero, aunque pudo haber ocurrido casi 24 horas antes, tal vez mientras en el mismo penal se realizaba una reunión conjunta de funcionarios responsables de seguridad nacional, encabezados por Tello Peón, a la que asistían visitadores de la CNDH para discutir, en parte, el caso de los custodios y la alteración general de la disciplina interna.

Presuntamente a las 21:15 horas del 19 de enero El Chapo todavía se encontraba en su celda, según reportó uno de los vigilantes, pero a las 22:35 horas, el director, Beltrán Santana, se dio cuenta de que no estaba ahí.

Primero se informó que Guzmán se había ocultado en el carrito que se emplea para sacar la basura y la ropa sucia, pasando por varios retenes, custodiado siempre por al menos un vigilante.

También se dijo que estaba descompuesto el sistema de circuito cerrado de TV y que eso facilitó la huida. Sin embargo los custodios dicen que las cámaras funcionan todo el tiempo –menos en la celda de Guzmán y las de otros narcos.

Y agregan que lo más seguro es que ya no haya regresado a Puente Grande después de una de sus frecuentes salidas.

Hace dos semanas la Suprema Corte de Justicia de la Nación aprobó la extradición de mexicanos a Estados Unidos, y entre ellos estaría Guzmán Loera, por lo que, aunque sólo le faltaban unos tres años para quedar libre, prefirió fugarse.

Reforma total

Lo sucedido en Puente Grande, dice la licenciada Morfín Otero, tiene que investigarse desde el gobierno federal anterior, cuando dependía directamente de la Secretaría de Gobernación, "puesto que los custodios quejosos nos reportaron que las presiones para corromperse comenzaron el 25 de febrero de 1999".

–¿Solapó la situación la CNDH?

–Llama mucho la atención, y a mí me lastimó mucho enterarme de que visitadores adjuntos de la Comisión Nacional habían presionado a nuestros quejosos, y lo he corroborado con sus familiares, para que se desistieran, y esto no es explicable, porque estamos facultados y obligados a continuar las quejas, incluso de oficio, aun habiendo desistimiento, porque la vulnerabilidad en que están colocados los denunciantes los hace muy susceptibles a chantajes, amenazas e intimidaciones.

"Entonces hay una actuación probablemente indebida y he estado solicitando al contralor interno de la CNDH que intervenga, y me dijo que tenía que ratificar mi denuncia, no obstante que lo solicité en actas circunstanciadas el 17 y el 18 de enero y acabo de recibir otra que dice que es inevitable la ratificación en persona. No sé por qué no se utiliza la suplencia en las actuaciones internas de esa comisión, que es el principio general del ómbudsman, actuar en suplencia de la queja o bajo el principio de la inmediatez."

–¿Hay o habría complicidades entonces?

–Esto no lo quiero decir yo. Lo que quiero decir es que no hubo una respuesta rápida y que se tiene que investigar a fondo la responsabilidad administrativa u otro tipo de responsabilidad en que pudieran haber incurrido, porque tienen que decir por qué no se cubrió la confidencialidad de los quejosos, por qué se retrasó tanto su asunto, por qué no hubo un pronunciamiento enérgico, por qué no hubo una recomendación. Hubo visitas y se hicieron cambios pero meramente cosméticos, y los mismos comandantes que se habían cambiado volvían al mismo lugar y se agravaban las cosas.

–¿Responsabilidad directa de la CNDH?

–Hay muchas cosas que la Comisión Nacional tiene que explicar. ¿Por qué nunca contesta a mis oficios? ¿Por qué Soberanes no responde a mis telefonazos? ¿Por qué nos tenemos que ir enterando a través de los oficios que ellos envían directamente a los quejosos sin darnos la menor información, mientras aquí vivimos conmovidos por esta prolongada y cotidiana tragedia de servidores públicos que nos pidieron ayuda para mantenerse íntegros?

"Además hemos estado insistiendo ante la Tercera Visaduría de la CNDH para que acudan visitadores como observadores locales, para que quienes tengan que rendir declaración puedan hacerlo en condiciones de total libertad y sin ser sometidos a ningún tipo de amenaza ni presión psicológica ni coacción por parte de nadie, ni de Seguridad Pública ni de la PGR ni de alguna otra autoridad."

Acerca de la situación en Puente Grande, dice que se tiene que establecer una "nueva cadena de mando", que garantice la seguridad del penal "en términos de que no habrá fugas, que habrá un trato equitativo para todos, que se tomarán todas las medidas que garanticen a la sociedad el manejo de este centro de alta seguridad".

Aclara, empero, que lo anterior no debe estar reñido con el respeto a la dignidad de las personas, "y que no suceda lo que ahora, que duermen con luz y en una misma posición todo el tiempo o les están tocando cada media hora para que no concilien el sueño profundo".

1 de noviembre de 2009

De la omisión a la complicidad

Ricardo Ravelo

Altos funcionarios de la Comisión Nacional de los Derechos Humanos (CNDH), todos ellos colaboradores del ómbudsman José Luis Soberanes Fernández, estuvieron bajo investigación de la Procuraduría General de la República (PGR) por acallar a cinco custodios que desde 2000 denunciaron la corrupción y las complicidades tejidas en el penal federal de Puente Grande, Jalisco, que facilitaron la fuga del narcotraficante Joaquín *El Chapo* Guzmán.

Según la averiguación previa 070/DAFMJ/2001, integrada al expediente relacionado por la evasión de Guzmán Loera, los visitadores Joel René García y José Mario Severiano Morales presionaron a los custodios Salvador Moreno Chávez, Claudio Julián Ríos Peralta, Felipe Leaños Rivera y Francisco Javier Vázquez Rolón con un objetivo: que se desistieran de sus quejas sobre las presiones que recibieron para incorporarse a la red de servicios de El *Chapo* Guzmán, Arturo El *Texas* Martínez Herrera y Héctor El *Güero* Palma.

Los visitadores dependían de José Luis Soberanes y, técnicamente, de José Antonio Bernal Guerrero, el tercer visitador, quien falleció en septiembre de 2005 en un accidente aéreo en el que también murió el entonces secretario de Seguridad Pública, Ramón Martín Huerta.

De acuerdo con las investigaciones, de la corrupción que minó la seguridad de Puente Grande, así como del "trabajo sucio" realizado por los visitadores, estuvieron enterados en aquel entonces Raúl Plascencia Villanueva y Mauricio Farah Gebara, dos de los más fuertes candidatos para relevar a Soberanes Fernández en la presidencia de la CNDH. El primero fungía entonces como segundo visitador, en tanto que Farah despachaba como administrador de la comisión.

Los primeros reportes sobre la forma en que Guzmán Loera corrompía a los funcionarios de esa prisión, entre ellos al director, Leonardo Beltrán Santana, se conocieron desde enero de 2000, aunque la Comisión Estatal de Derechos Humanos de Jalisco (CEDH), entonces a cargo de María Guadalupe Morfín Otero, no los reportó a la CNDH ni a la PGR sino hasta el 20 de enero de 2001, un día después de la fuga del capo sinaloense.

En su denuncia de hechos Morfín expuso que el 4 de enero de 2000 un oficial de prevención del penal de Puente Grande, al que luego se sumaron otros, presentó una queja ante la CEDH "por hostigamiento laboral, debido a que no cedían a peticiones institucionales para corromperse". Por ser de competencia federal, la denuncia fue turnada a la CNDH, según explicó. Narra Guadalupe Morfín:

"A lo largo de 2000, como lo compruebo con los oficios que anexo, hice varias gestiones para que la queja no se archivara como asunto meramente laboral. Mi insistencia obedeció a que consideré que el asunto debía ser calificado como un hecho presuntamente violatorio de los derechos humanos…

"En sucesivas ocasiones los quejosos nos hicieron parte de su preocupación por no ser oportunamente atendidos en la CNDH y externaron desde un inicio su petición de que el asunto fuese tratado de forma confidencial para resguardar su integridad física."

Esta última petición no fue respetada por la CNDH.

Las presiones que ejercían el capo Guzmán Loera y su grupo para gozar de privilegios en Puente Grande, según la denuncia de

Morfín Otero, se conocieron en la Secretaría de Gobernación, pero los cambios que sus funcionarios prometieron –expuso la comisionada de Jalisco– fueron temporales, pues "inmediatamente tomaron el control los jefes del narco recluidos en diversos módulos".

Como se iban agravando las condiciones de inseguridad en el penal, y debido a que la vida de los denunciantes corría peligro, Guadalupe Morfín señala en su denuncia que buscó con urgencia al presidente de la CNDH, José Luis Soberanes, pero no lo encontró. Sin embargo, le dejó un recado con el coordinador de asesores, Mauricio Ibarra.

El 15 de enero de 2000, integrantes de la CNDH, entre ellos el visitador Joel García, acudieron al penal de Puente Grande y llamaron al custodio Julián Ríos Peralta, uno de los quejosos; le pidieron que los llevaran con los otros denunciantes.

Según Morfín los custodios fueron reunidos en las oficinas de Beltrán Santana, el director del penal –personaje clave en la fuga de El Chapo Guzmán–, y allí los visitadores exigieron a los denunciantes "que se desistieran de la queja".

Durante el día –dice Morfín– aumentaron las presiones. Los custodios fueron segregados uno por uno hasta altas horas de la madrugada, y tanto los visitadores como las autoridades del penal utilizaron "la tortura psicológica. Los querían hacer titubear. Era evidente, dijeron los quejosos, la molestia de los visitadores de la CNDH porque los custodios acudieron a la CEDH".

El poder de Guzmán Loera

En sus respectivas quejas los custodios alertaron a las autoridades federales del poder que ejercía Guzmán Loera en Puente Grande. El custodio Felipe Leaños, por ejemplo, dijo que hizo del conocimiento de las autoridades del penal la introducción de productos prohibidos, como dulces, carne seca y vitaminas, en beneficio del narcotraficante Martínez Herrera.

También dijo que quien estaba involucrado en ese tráfico era "el nuevo subdirector", Dámaso López Núñez, pero todos se coludieron para que las cosas siguieran como estaban.

Claudio Julián Ríos Peralta, otro de los custodios, denunció que el 29 de octubre de 2000, al terminar su servicio diurno como oficial de prevención en el área de Conductas Especiales, fue abordado por el oficial Miguel Ángel Godínez Cárdenas quien le dijo que tenía un asunto importante que tratar con él.

Relata el custodio que "se refería a la cooperación hacia ciertos internos, entre ellos Arturo Martínez Herrera, *El Texas*; Joaquín Guzmán Loera, *El Chapo*, y Héctor Palma Salazar, *El Güero*".

Ríos Peralta dijo que, según le comentó Godínez Cárdenas, dichos servicios "eran considerados como privilegios pequeños" que no comprometían a nadie y a cambio se recibía una gratificación por cada uno, "que todo esto no era con plan *chingativo*, que él recibía la encomienda de los comandantes y que existía línea para hacerlo".

Agrega:

"Posteriormente y en diferentes ocasiones me abordaron los comandantes Marco Antonio Fernández Mora y Pedro Pulido Rubira. Me trataron de sorprender con supuestas condiciones que según yo ya había aceptado, pero al no darles una respuesta me enviaron con el comandante de compañía Juan José Pérez Díaz, quien de manera verbal expuso estas irregularidades como un plan de trabajo para que yo aceptara.

"Le manifesté que me lo hiciera por escrito ante todo el grupo de oficiales y que justificara las gratificaciones si era cierto que existía línea de tan arriba como decía. No me resolvió y trató de sorprenderme de nuevo entrevistándose con otros oficiales que no aceptaron la propuesta de corromperse, y son Rafael González Barajas, Mario González López y Juan González Caudillo, haciéndome creer que ellos ya habían aceptado, situación que después se demostró que era falsa.

"Por si fuera poco, los mismos servidores públicos involucrados en estos actos de corrupción establecen como fecha límite para que todos participemos en los actos ya mencionados el 20 de noviembre de 2000, argumentando que cuando llegue la transición del primero de diciembre el gobierno federal no encuentre problemas y podamos continuar todos laborando de manera normal."

Joaquín Guzmán Loera, jefe del cártel de Sinaloa, se fugó del penal de Puente Grande el 19 de enero de 2001, 29 días después de la llamada "fecha límite" a la que se refiere Ríos Peralta.

Otros tres custodios rindieron su testimonio sobre la corrupción en Puente Grande, el 9 de noviembre de 2000, ante Néstor Orellana Téllez, visitador adjunto de la CEDH. Le pidieron omitir sus nombres, pero según su declaración, a la que este semanario tuvo acceso, todos los funcionarios del penal estaban ligados al narcotráfico y, en particular, a Joaquín Guzmán Loera.

Relataron:

"Constantemente los comandantes Jacinto Bello Sacarrubias, Miguel Ángel Godínez Cárdenas, Marco Antonio Fernández Mora, Juan José Pérez Díaz, Jesús Becerra Reyes, Jesús Candelario Castillo, entre otros, nos han ofrecido integrarnos a actos de corrupción, para lo cual nos han querido presentar ante los jefes, que son los internos Jesús Héctor Palma Salazar, Joaquín Guzmán Loera y Arturo Martínez Herrera.

"Las presentaciones ante ellos son con el fin de que nos conozcan y sepan que vamos a subordinarnos a ellos para seguir sus reglas, las que consisten en no ver ni escuchar nada, es decir, permitir que gocen de privilegios, como deambular libremente sin vigilancia dentro de los módulos, acceso a licores y vino, ingreso de mujeres a la hora que los internos lo requieran, celdas con lujos y comodidades, teléfonos celulares y que no se les hagan revisiones a sus celdas. Que si aceptamos ingresar al equipo de trabajo, nos darán por sólo ese hecho 2,500 pesos a (los) oficiales y 1,000 a los vigilantes…

"Como en todo momento nos hemos negado a aceptar las proposiciones de los comandantes que están coludidos con los internos para corromper el sistema de readaptación dentro del Cefereso 2, nos han intimidado de manera insistente a los compañeros Manuel García Sandoval, José Luis García Gutiérrez y Celso Alberto Cárdenas Hernández, entre otros, quienes fueron agredidos de manera brutal por no acatar las órdenes de los internos que se mencionaron."

Maniobras de la CNDH

Los testimonios sobre la corrupción en Puente Grande –que, como después se supo, formaba parte del plan de fuga de *El Chapo* Guzmán– llegaron a la CNDH. El expediente fue manejado por uno de los funcionarios de mayor confianza de José Luis Soberanes, el tercer visitador José Antonio Bernal Guerrero, quien a través de los visitadores Joel René García y José Mario Severiano comenzó a presionar a los custodios para que se desistieran de sus quejas.

El primer paso, según la investigación de ese hecho, fue tratar el caso como un asunto laboral. A través del oficio 012965, fechado el 4 de mayo de 2000, Arturo Peña Oropeza, quien fungía como director general en la CNDH, le informó al custodio Felipe Leaño lo siguiente:

"Por instrucciones del licenciado José Antonio Bernal Guerrero, tercer visitador de esta Comisión Nacional, me permito informarle que de la lectura de la primera parte de su escrito se desprende que (su caso) se trata de un asunto de carácter laboral."

Los visitadores que José Luis Soberanes envió a investigar la corrupción y las presiones que padecían los custodios de Puente Grande en todo momento trataron de desviar las denuncias, según acusaron los propios quejosos en otros testimonios, donde agregan que su identidad fue revelada por los funcionarios de la CNDH, poniendo en riesgo sus vidas.

El custodio Salvador Moreno Chávez cuenta cómo los visitadores de la CNDH Joel García y José Mario Severiano lo presionaron para que se desistiera de su denuncia. El 15 de enero de 2001, cuatro días antes de la fuga de *El Chapo* Guzmán, narró:

"Me decían que era muy difícil comprobar esos hechos... Traté de hacerles entender que la situación era más compleja, que los hechos de la queja se habían agrandado... Les pregunté qué tipo de información necesitaban para actuar; ellos me dijeron que era muy difícil de comprobar todo, que por qué no me desistía, que por la gravedad de los hechos podía desistirme y que quedaría archivada la queja.

"Mencionaron los visitadores que era fuera de lo común que la Comisión Estatal de Derechos Humanos nos hubiera hecho caso con las quejas porque los señalamientos que hacíamos eran muy generales y sin pruebas, que de la lectura de los mismos se desprendía muy poca credibilidad..."

Según el testimonio de Moreno Chávez, los visitadores de la CNDH los pusieron en evidencia ante el director de Puente Grande, Leonardo Beltrán Santana –a quien posteriormente se ligó con el plan de fuga de Guzmán Loera–, y otras autoridades de la prisión relacionadas con el narcotráfico.

Expuso que las entrevistas con los visitadores se llevaban a cabo en las oficinas del director, por lo que pronto fue visto por "los custodios corruptos como el 'dedo' que los señalaba".

Felipe Leaño Rivera, compañero de Moreno Chávez, relató que los visitadores le dijeron que tres de sus compañeros ya se habían desistido de sus quejas y le sugirieron hacer lo mismo.

Además:

"Me cuestionaron de por qué no había hecho del conocimiento de las autoridades del penal las irregularidades, a lo que les dije que no les tenía confianza, ya que la mayoría de las veces, cuando había visita externa (de la CNDH), siempre había conocimiento de las autoridades penitenciarias con mucho tiempo de anticipación.

"Finalmente les mencioné que con los compromisos que existían entre el personal con los internos, principalmente con El *Chapo* Guzmán y con El *Güero* Palma, mi mayor temor era que alguno de estos internos, con las facilidades que se les daban, se fugara. Luego los visitadores le dijeron que él había sido el único que se había esperado, pues el resto de sus compañeros se habían ido, por lo que le comentaron que por esa falta de interés no progresaban las quejas.

"En mi opinión, esta situación de que los visitadores de la CNDH nos confrontaron con las autoridades (del penal) fue algo muy comprometedor, ya que se dieron cuenta de que éramos nosotros los de las quejas, a pesar de que durante todo el proceso les enfatizamos que se guardara nuestra confidencialidad sobre los hechos, poniendo en riesgo nuestra integridad personal."

Los custodios Francisco Javier Vázquez Rolón y Samuel Ramos Gutiérrez también relataron, por separado, que los visitadores de la CNDH los presionaron para que se desistieran de sus denuncias y que en todo momento los confrontaron con los funcionarios coludidos con El *Chapo* Guzmán y El *Güero* Palma.

Tal como lo advirtió el custodio Felipe Leaño, Joaquín Guzmán Loera se fugó del penal de Puente Grande el 19 de enero de 2001. Meses antes, el presidente de la CNDH, José Luis Soberanes, tuvo conocimiento de las condiciones de ingobernabilidad que imperaban en el penal de Puente Grande y que fueron desoídas por las autoridades federales. "Las anteriores autoridades de la CNDH tenían amarradas las manos para no hacer nada", dijo el 24 de julio de 2001 al referirse a la fuga de El *Chapo* Guzmán.

Por medio de Guadalupe Morfín, Soberanes también estuvo informado sobre las irregularidades de sus visitadores. A través del oficio P/CEDHJ/46/2001, fechado el 18 de enero de 2001 –un día antes de la fuga del capo sinaloense–, Morfín le manifestó su inconformidad por la decisión de la CNDH de archivar la queja de los custodios por considerarla un asunto laboral.

En ese mismo oficio Morfín expuso:

"El 16 de enero de 2001, según refieren los quejosos, después de haber sido aislados por separado cerca de tres horas, aproximadamente a las 20:00 horas fueron llamados cada uno, de manera individual, a la dirección de ese centro federal, en donde se encontraban el director, Leonardo Beltrán; el subdirector jurídico, Dorantes Paz; el director de Prevención de la Secretaría de Gobernación, Enrique Pérez, y los dos visitadores de la CNDH, quienes permitieron que los sometieran a un interrogatorio intensivo."

Confrontándolos de manera directa con las autoridades y evidenciando ante todo el personal que ellos pusieron una queja, poniéndolos con esta situación en grave riesgo, ya que según lo manifestaron ahora todo el personal e incluso los internos, saben que ellos interpusieron una queja denunciando los actos de corrupción que ahí se dan.

Todo esto a pesar de que en múltiples ocasiones se insistió en que se debían preservar en confidencialidad los nombres y datos de los quejosos para evitar riesgos... Esto no ocurrió y de la manera más burda estos visitadores de la CNDH los confrontaron con quienes precisamente solapan y promueven esos actos de corrupción.

En su libro *Máxima seguridad*, editado en noviembre de 2001, el fundador de **Proceso**, Julio Scherer García, relata:

"La víspera de la escapatoria, el 18 de enero de 2001, comisionados de Derechos Humanos visitaron el penal. No miraron sus ojos apacibles el mar encrespado. La mañana de la jornada crucial, Jorge Tello Peón, subsecretario de Seguridad Pública, tampoco observó desorden alguno.

"Paseó por las instalaciones y no lo alcanzó el olor podrido.

"–¿Salió *El Chapo* por la complicidad de muchos o porque algún grande lo dejó salir? –le pregunto a Zulema Hernández, de cuerpo que cimbra.

"–Me parece obvio que la gente grande no irá directamente al penal. Pero yo estaba con él cuando le avisaron que habían llegado a verlo. Yo me salí del cuarto para que pudieran hablar. Platiqué después con Joaquín. Me habló de la extradición. Me dijo que no quería que lo extraditaran. Pienso que para entonces ya había algún consentimiento."

Presentación en el penal

I

Ídolo local

MENSAJE PARA LOS DE LA LINEA Y AZTECAS AQUI HECTOR CALZADA QUEMDOR DE NEGOCIOS Y EXTORCIONADOR LACRA CHALAN DE PABLO RIOS RODRIGUEZ EL J.L Y DE VICENTE CARRILLO PUERCOS ASI VAN ACABAR TODAS ESTAS LACRAS QUE ACABARON CON LA PAZ DE JUAREZ ATTE. CARTEL DE SINALOA. Y AQUI ESTA EN LA PLAZA EL CHAPO GUZMAN Q.P.

Chihuahua. Cuadra por cuadra

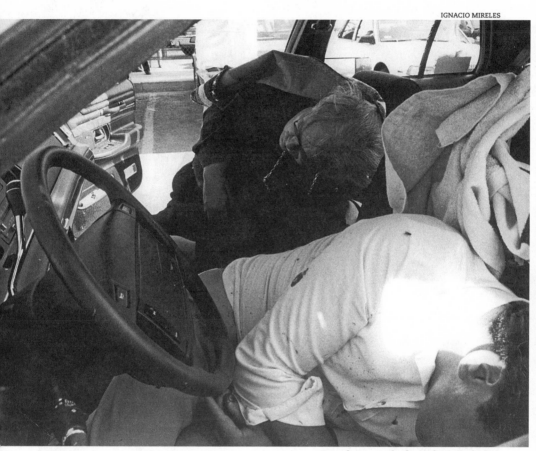

Posadas y su chofer. Crimen y dudas

Guzmán. "El gran poder" de Sinaloa

La reina. La esposa

Coronación de Emma I

Preso con privilegios

"Puerta Grande"

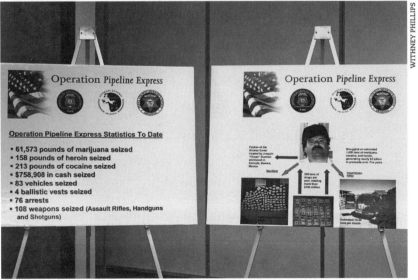

Estados Unidos. Informe sobre decomisos

Mujeres, mujeres

28 de diciembre de 2008

De *El Chapo* a Zulema:
"Cuando yo me vaya..."*

Julio Scherer García

Su madre, alcohólica, prostituta, le gritaba a Zulema, niña aún: "Ni para puta sirves".

A los trece años, la jovencita ponía candados y negaba a su madre el acceso a la casa.

"Llegaba a la madrugada con su parvada de cuervos, seguramente cogida, obscena. Yo me protegía y protegía a mi hermanito."

–¡Abre, cabrona!

–¡Lárgate!

Se enfrentaban.

–Te voy a madrear.

–Te devuelvo los madrazos.

–Atrévete.

–Órale.

Para que aprendiera, la madre sacó a Zulema de la escuela y la entregó a Drogadictos Anónimos, obligada al internado por un mínimo de tres meses.

Permaneció interna el plazo completo. Una vez cumplido, se negó a salir a un hogar sin padres ni hermanos ni amores. David Cervantes, el jerarca, que así se denomina al principal del Centro en Villa de Cortés, la aceptó seis meses más.

–En ese tiempo supe de la droga y de las armas, cómo se cocina la cocaína y cómo se manejan las pistolas. Vi de cerca la prostitución, que aborrecí. Jamás sería puta. Nadie me creía virgen y como a una virgen me trataban y virgen era. El Centro me dejó cosas buenas como ésas, así como mi casa me dejó cosas malas, todas, salvo mi hermanito, que es también mi hijo, como mi Brandon.

–¿Por qué el nombre de Brandon?

–No sé.

–¿Cómo que no sabes?

–Sólo sé de siete letras juntas que me parecen hermosas.

De frente a la grabadora sigue Zulema, inevitables los soliloquios, los silencios:

–Yo era buena estudiante. Tengo mis calificaciones, mis diplomas. Fui becada el cuarto, el quinto y el sexto año de primaria en la escuela Lucas Ortiz Benito. Me nombraron sargento, la importante de la escolta que rinde honores a la bandera, la jefa. Mi aprovechamiento fue de 8.5 y mi entusiasmo era de 10. Mira, te enseño el folio –número 10253433, expedido el 8 de diciembre del 2000 por la delegación jalisciense del Instituto Nacional para la Educación de los Adultos–. Guardo también, aquí la traigo, la constancia de Actividades Educativas del Centro de Readaptación Social Número 2. Me enorgullece. Reconoce mi esfuerzo en las tareas académicas, deportivas, artísticas y de consultas bibliográficas durante el año 2000.

–¿Y después, Zulema?

–Todo se fue a la mierda.

Zulema extravía el lenguaje cuando habla de su madre. El rencor la perfora. La última visita de doña Salomé a Puente Grande terminó de mala manera, Brandon entre dos mujeres que se lastimaban. Había llegado el niño con el ánimo de jugar a lo que fuera. Salió del penal entre lágrimas.

La señora se presentó encendida al encuentro con su hija. La revisión de sus prendas y de su cuerpo había ido más allá de lo debido y la avería de una de las puertas electrónicas la había demorado media hora.

–Llegó del peor humor. Es una cabrona –dice Zulema.

–Es tu madre.

–Hija de la chingada.

Yo no sé qué decir, Zulema sí:

–No miento y no quiero que me creas porque digo lo que digo, así nomás. Ve a verla. Te doy la dirección, allá por La Villa, cerca del Reclusorio Norte. Mi hijo la ve tomar y me dice que bebe jugo de uva echado a perder. El otro día llamé por teléfono, que me cuesta y está restringido a diez minutos dos veces por semana, y apenas si la oía, su radio a todo volumen. Bájale, bájale, le gritaba. No me hacía caso. Me comuniqué con Brandon. "¿Está tomada, hijo?". "No", me dijo, "es el jugo de uva descompuesto".

Visité a la señora en la Unidad Arbolillo, Retorno Tenayuca 26 bis. Conversamos:

–Nunca le dije "ni para puta sirves". Así le decían algunos, yo no. Sí me cerraba la puerta de la casa, me dejaba afuera y a veces la madreaba, tenía que hacerlo. No la mandé a Drogadictos Anónimos. No sé de dónde saca eso.

Salomé Hernández fue pervertida sin que las primeras manos supieran de su cuerpo. Ella debía entretener el cuerpo ajeno y violentarlo. Batallaba sin saber qué era eso que hacía. Tiempo después fue violada. Menuda y bonita, ahí están las fotos en la vivienda humilde, aprendió a bailar y bailó muy bien. Los zapatos eran su prenda, antes que el vestido y aun la ropa interior. Bailaba tango como nadie y bailaba todo lo demás como muy pocos. Su vida se fue en las pistas, en la borrachera, en los amantes fortuitos y uno que otro duradero.

–Pero mire, señor Scherer, eso sí le digo: mi hija es cabrona y le gusta mentir.

–¿Viste a mi madre?

–Me diste la dirección, ¿no?

–¿Y...?

Le cuento, me cuenta. Un borbotón:

–Ella te habló de su violación psicológica y su violación física, pero nada te dijo de lo que pasó conmigo. No te dijo que se caía de borracha en las escaleras y no pudo subir a ayudarme. Tampoco te dijo que me ponía a servirle cubas a sus amigos. No te dijo cómo me golpeaba, cómo me rebotaban las pinches cucharas en la espalda, cómo me dejaba sangrando. No te dijo cómo me cortó el cabello para mandarme a la escuela, ni te dijo cómo me mandaba con los uniformes asquerosos, cómo me trataba de puta y me arrastraba de la entrada de la unidad hasta la casa, de las puras greñas y a patadas. No te dijo que me sacaba a las dos o tres de la mañana para dormirme con el pinche perro. No te dijo que, puerca hasta las manitas, me hacía tragar del plato del perro. Jamás va a decir algo de esto. Jamás y mil veces te lo va a negar, así un mundo le esté diciendo que esto fue así, tal día, tal fecha, tal hora. Ella te va a decir que no es cierto, que están locos, hijos de quién sabe qué, de su puta madre.

–¿Por qué la ves?

–Brandon vive con ella.

Zulema lleva a los párpados sus dedos de uñas bien cortadas. Llora, poquito.

–He pensado mucho que si mi madre llegara a faltar para mí, sería un descanso. Perdóname, pero es la verdad. Sería un descanso para mí, para mi hermano, para mi hijo, sería un descanso para todos. Porque es una mujer enferma, una mujer que está enferma. ¿No te dijo que vivía con El Tostón?

–¿Con quién?

–El Tostón, con el que yo me había balaceado, el que asaltó a su hermano, mi tío. ¿No te dijo que se lo llevó para revolcarse en su cama?

◆ ◆ ◆

–Cuéntame de El Chapo.

–Acabábamos de hacer el amor, me abrazó y me dijo: "Cuando yo me vaya vas a estar mejor; te voy a apoyar en todo. Ya le di instrucciones al abogado". Inclusive tienes una carta en que así me lo dice. Me dijo también que si él necesitaba un abogado, en cualquier lado donde estuviera, lo iba a tener. Yo le dije que siempre se habían arreglado los problemas en los juzgados. Él me dijo que no, que no era esa exactamente la forma en que se iba a ir. No pregunté más.

"Después nos volvimos a ver y me dijo que ya se iba a hacer. Él me decía: 'Tranquila, no va a pasar nada, todo está bien'.

"Me hizo muchas confidencias. Tú sabes que Ofelia lo conoce (Ofelia Fonseca, la hija de Don Neto), y nosotras hemos platicado. Ella me dice que yo tuve acceso a él. Yo creo que sí, que entre Joaquín y yo había mucha identificación, porque yo estaba en el mismo lugar que él estaba. O sea, aparte de ser mujer yo estaba viviendo la misma pena que él. Yo sé de este caminar de lado a lado en una celda. Yo sé de este esperar despierta, yo sé de este insomnio, yo sé de este fumarte, querer quemarte el sexo, quererte quemar las manos, la boca, fumarte el alma, fumarte el tiempo. Yo sé lo que estos rincones hablan, lo sé. Y él sabía que yo lo sabía. Muchas ocasiones llegaba de malas, muchas ocasiones no tuvimos ni relaciones, pero él quería sentirme cerca. Él me quería desnuda, sentirme con su cuerpo. No teníamos sexo, pero estábamos juntos. Y yo le entendía y sabía que tenía ganas de llorar. Sabía que estaba hasta la madre de esta cárcel, a pesar de que tuviera lo que tuviera.

"Sabía que si escapaba estaba expuesto a que lo mataran. Él sabe que en este negocio se está expuesto a perder a toda la familia. Y sabe a lo que se iba a enfrentar. No es tan fácil decir yo me voy a fregar y ya. Porque es toda la vida huyendo, es toda la vida escondiéndote, es toda la vida despierto. Yo sé que había muchas voces en su silencio.

"Me platicaba de su infancia, me decía que había sido muy pobre. Yo supe que las cartas que él me mandaba no las escribía, pero sí sabía que las autorizaba, que decía lo que quería decir con esas palabras. Él ordenaba a su amanuense: 'Dile que la extraño mucho', y ya el otro aventaba de su inspiración. Cuando me platicaba de su infancia, él quedaba como suspendido en la pared, como si fuera algo que quisiera olvidar y a la vez lo tuviera preso en cada momento de su vida.

"Es un pavor regresar a la pobreza. El mismo pavor que él sintió lo siento yo. Ése era un hilo de comprensión entre nosotros. Yo también fui pobre, padecí mucho y padezco hasta la fecha una madre insoportable. Él padeció el yugo de un padre, el abandono del padre, el que lo corriera de su casa y lo mandara a trabajar con el abuelo, a las tierras, de día y de noche. Él lo vivió y cómo lo superó, cómo tuvo que superarse, cómo tuvo que llegar a ser un hombre como el que es y todo el imperio que hizo."

La misiva del 5 de agosto de 2000:

"¡Hola cariño mío! Te hago llegar esta carta con mucho ánimo y bastante gusto, quizás no con las mejores noticias que yo te quisiera dar, respecto de poder vernos en éstos días o referente a tu traslado, pero sí lo hago mi amor para decirte todo lo que te amo y lo mucho que te extraño y cuánto desearía poder hablar y estar contigo para ser tan feliz como lo he sido esos cortos ratitos que he podido gozar y hacer completamente mía.

"Corazón, por más que he buscado la forma de poder verte y que ya me habían prometido que sí se podría resultó que siempre no, tú sabes pues, que desde lo del comentario aquél y luego por detalles insignificantes de locutorios, los del Centro de Control han andado con la duda y te traen vigilancia especial aunque aparentemente en ocasiones no se nota. A mí me han traído con que ya mero y ahora sí para la próxima guardia podrás verla, y ya ves seguimos esperando. Pero mi amor espero y tengo fe que la semana entrante sí ya pueda ser de verdad. Pasando a otro tema cariño, sé que el abogado te tiene informada de que ha obstaculizado por el momento el traslado pero que sólo es cosa de un tiempecito, así que por favor sigue confiando y teniendo esperanzas. Aunque tarde unos días más el traslado lo que a mí realmente me importa más y muy a fondo es resolverte el asunto de la libertad y estoy seguro que será para fin de año. Preciosa este gobierno ya se va y se van a poder arreglar muchas cosas en asuntos no tan sencillos como el tuyo, pero que tampoco no es de lo más complicado. Todo es cosa de $ y como quiera en tratándose de eso yo por tu salida no voy a escatimar ni esfuerzos ni gastos.

"Oye amor el favor que me pidieron para lo del arresto de Lulú yo lo hice porque tú me lo pediste así que ella te lo debe a ti mi amor.

"Cariño en estos días mi único consuelo es pensar y pensar mucho en ti y en lo que un día espero sea mi vida a tu lado. JGL."

17 de agosto de 2000:

"¡Hola amor! ¿Cómo estás? Yo aquí pensando en ti a cada momento. Hubiera querido que esta carta ya pudiera llevar la noticia del día en que nos podamos ver, pero desgraciadamente nada es seguro, aunque me prometen que ahora sí ya la semana entrante se va hacer, nosotros lo único que podemos hacer es esperar que ojalá y sea cierto, porque la verdad yo ya estoy muy desesperado, pero lo que me han dicho es que no disminuía la vigilancia sobre tu persona, pero me acaban de decir que al parecer a partir del fin de semana en adelante las cosas van a cambiar, por eso de inmediato me puse hacerte esta cartita, para comentarte ese detalle y además decirte cuánto te quiero y cuánto te amo mi Zulema preciosa y adorada. En la carta anterior te decía que pronto nos veríamos y te lo comentaba porque eso es lo que a mí me dicen, pero luego resulta que me avisan que todavía no y bueno hay que ser prudentes y no ir a cometer un error que entorpezca en que nos podamos ver aunque sea a escondidillas de vez en cuando, pues como dice el dicho cariño 'más vale paso que dure y no trote que canse'. JGL."

28 de noviembre de 2000:

"¡Hola corazón! ...No sabes cómo he hecho la lucha por entrevistarme contigo pero te tienen demasiado vigilada, hasta llego a pensar que de alguna manera se enteraron o le hicieron saber al nuevo director y aunque en partes como que quiere jalar y en otras de plano nomás me trae a que más adelantito y de ahí no pasa.

"Amor se acercan ya las fiestas navideñas y nada me haría más feliz que estar cerca de tu persona, de tu piel y de tus labios, pero todo es incierto y aunque no quito el dedo del renglón en verte no quiero prometerte ya que sería tal día porque luego me quedan mal.

"Me despido enviándote todo mi más grande sentimiento que puede sentir el hombre por una mujer que ama. De pronto puede haber una excelente sorpresa. Te amo. JGL."

---

*Fragmentos del capítulo "Zulema" del libro *Máxima seguridad. Almoloya y Puente Grande* (Nuevo Siglo/Aguilar, 2001), de Julio Scherer García.

16 de mayo de 2010

Tuvieron a su ex...
y la soltaron

Jorge Carrasco y Patricia Dávila

El trabajo había sido exitoso, "limpio", sin contratiempos. En menos de cinco horas estaba cumplido el objetivo: la detención de Griselda López Pérez en una zona residencial de Culiacán y su traslado a la Procuraduría General de la República (PGR) en el Distrito Federal, bajo el cargo de lavado de dinero para el cártel que codirige su exesposo, *El Chapo* Guzmán.

En el operativo de arresto participaron 200 efectivos de unidades especiales de la Policía Federal, el Ejército y la Marina, coordinados y enviados desde la Ciudad de México. Todo un aparato táctico y logístico, un aparatoso despliegue de fuerza que, al final, sirvió de nada: de manera insólita, la PGR dio marcha atrás y dejó en libertad a la excónyuge de Joaquín *El Chapo* Guzmán, que la mañana del 12 de mayo había sido detenida en la capital del estado de Sinaloa.

Pasado el mediodía, ya en el Distrito Federal, una veintena de efectivos con armas largas irrumpió en la unidad de lavado de dinero de la Subprocuraduría de Investigación Especializada en Delincuencia Organizada (SIEDO) de la PGR y entregó a Griselda López al Ministerio Público federal. La mujer iba esposada, con la cabeza cubierta, dijeron a **Proceso** testigos de primera mano que pidieron el anonimato.

En esos momentos, el secretario de Gobernación, Fernando Gómez Mont, estaba en Culiacán para "evaluar las estrategias de seguridad" del gobierno federal en el estado.

La detención de Griselda López no trascendió hasta el mediodía del 13 de mayo, cuando versiones de prensa reportaban el hecho como un rumor. Pero a esa hora la exesposa de *El Chapo* ya estaba libre, de regreso a su pueblo, Jesús María, a media hora de Culiacán.

No fue sino hasta la noche de ese día cuando la PGR confirmó su detención y posterior liberación bajo "las reservas de ley", no obstante que era la principal destinataria del operativo en el que se aseguraron seis casas, siete automóviles de lujo, cinco cajas fuertes con joyas y otros bienes relacionados con *El Chapo*. Era la primera acción en Culiacán contra propiedades vinculadas con el narcotraficante.

El operativo había sido planeado especialmente para detener y mantener a su exesposa bajo arraigo por presuntas operaciones financieras relevantes, cuyos montos habrían superado los ingresos que reportó a la Secretaría de Hacienda.

El objetivo no era *El Chapo* sino ella. Su detención se logró de forma exitosa. Sin un solo disparo y en sigilo. Al margen quedaron los efectivos militares y navales que participan en la Operación Conjunta Culiacán-Navolato-Guamúchil-Mazatlán, incluido el general de brigada Noé Sandoval Alcázar, comandante de la IX Zona Militar con sede en la capital sinaloense.

La noche del 11 de mayo 200 elementos del Ejército, la Marina y la Policía Federal se movilizaron desde la Ciudad de México al servicio del Ministerio Público federal adscrito a la unidad de lavado de dinero.

Se dirigieron a Culiacán con una orden del juez Cuarto Federal Penal Especializado en Cateos, Arraigos e Intervenciones de Comunicaciones, incluida en el expediente 232/2010, para catear siete domicilios de cuatro colonias de Culiacán relacionados con *El Chapo*. Los allanamientos comenzaron a las 6:30 horas del 12 de mayo. Se prolongaron poco más de tres horas. Hacia las 10 de la mañana, un convoy de 27 vehículos del Ejército pasó por la Carretera Internacional hacia el norte del estado.

En uno de los cateos los militares cerraron la circulación del bulevar El Dorado, en el fraccionamiento Las Quintas. La movilización atemorizó a los padres de familia que a esa hora llevaban a sus hijos a las escuelas Senda y Nueva Generación, ubicadas en la misma vialidad. El miedo a un enfrentamiento los obligó a regresar a sus casas.

Desde hace años es de conocimiento público que en Las Quintas, la casa señalada con el número 1390 del bulevar El Dorado, esquina con la avenida Sinaloa, es propiedad de *El Chapo*.

La prensa local se concentró en esa casa para cubrir el operativo, pero al mismo tiempo las fuerzas federales cateaban los otros seis domicilios. En todos bloquearon varias calles alrededor.

Las casas se ubican en Cerro de las Siete Gotas, número 752 y Cerro de la Silla 857, ambas en el fraccionamiento Colinas de San Miguel; Eustaquio Buelna 2064 y avenida Álvaro Obregón 1865, en la colonia Tierra Blanca; avenida Presa Don Martín número 715 y bulevar El Dorado 1390, esquina con avenida Sinaloa, estos dos últimos en el fraccionamiento Las Quintas; y Río Elota 350-B, en la colonia Guadalupe.

Griselda López Pérez fue detenida en la casa de Cerro de las Siete Gotas. El mediodía del 12 de mayo los uniformados la presentaron ante la unidad de lavado de dinero de la SIEDO, en el DF. Ahí pasó la noche.

En un boletín emitido la noche del 13 de mayo la PGR confirmó la detención y posterior liberación de López Pérez, a quien también identificó como Karla Pérez Rojo.

Pero nunca indicó que fue presentada ante la unidad de lavado de dinero de la Subprocuraduría a cargo de Marisela Morales Ibáñez. También omitió los motivos por los cuales la exesposa de *El Chapo* fue llevada ante el Ministerio Público federal en la Ciudad de México. Mucho menos que, para esa mera presentación, se movilizaron 200 elementos del Ejército, la Marina y la Policía Federal desde la capital federal.

La PGR justificó así su liberación: "Dentro de las acciones realizadas se presentó a Griselda López Pérez o Karla Pérez Rojo, quien después de rendir su declaración ante el Ministerio Público de la federación se retiró con las reservas de ley".

Además de López Pérez fueron detenidas otras tres personas que hasta el 14 de mayo seguían bajo arresto en la SIEDO. **Proceso** confirmó en la PGR que ninguna de ellas tiene nexos familiares con Guzmán Loera ni con su exesposa.

De las siete viviendas cateadas, seis permanecerán aseguradas por la PGR en tanto se concluyen las investigaciones. En la misma situación se encuentra el resto de los bienes confiscados.

En su comunicado, la procuraduría precisó que se trata de menaje de casa, cinco cajas fuertes con diversas joyas, dos CPU de computadora, tres laptops y siete vehículos: un Audi convertible, un Land Rover color blanco, un Mercedes Benz sedán color plata, una camioneta Cayenne GTS blanca, un Land Rover color plata, una camioneta Cadillac Escalade color perla y una Toyota Rav 4.

La detención de López Pérez estuvo antecedida por la insistencia de la revista *Forbes* en colocar a *El Chapo* en un lugar prominente de la delincuencia organizada internacional. Además de incluirlo en la relación de los más ricos del mundo, esta vez lo puso en "el segundo lugar de la lista de los 10 delincuentes más buscados del mundo", sólo debajo del líder de Al Qaeda, Osama Bin Laden.

Recordó que Estados Unidos ofrece 5 millones de dólares por la captura del narcotraficante y 25 millones de dólares por el responsable de los ataques terroristas del 11 de septiembre de 2001 en Nueva York.

También la antecedió abundante información publicada por el periódico *Reforma* sobre la capacidad de infiltración de *El Chapo* en las Fuerzas Federales de Apoyo de la Policía Federal, a cargo de la Secretaría de Seguridad Pública que encabeza Genaro García Luna. Además se habló del conocimiento que tiene sobre las investigaciones de la Marina y la SIEDO.

Un día después de la liberación de Griselda López Pérez, el mismo diario publicó que en 2001, cuando aún era esposa del capo, fue quien acompañó a Guzmán en su primera etapa como fugitivo, tras escapar del penal "de alta seguridad" de Puente Grande, Jalisco, en enero de ese año.

"Expedientes abiertos por la PGR hace casi una década dan cuenta de que por lo menos durante el primer año en que el capo del cártel de Sinaloa vivió a salto de mata, López Pérez estuvo a su lado", señaló el periódico. Precisó que estuvo por lo menos nueve meses con él en Puebla, según declaró el exlugarteniente de *El Chapo* Jesús Castro Pantoja, tras ser detenido en noviembre de 2001.

Informó asimismo que desde septiembre de ese año, en la PGR existía una orden de localización de la mujer retenida en la SIEDO entre el 11 y el 12 de mayo pasados.

También citó a la PGR para decir que en 2002 López Pérez ayudó a su entonces esposo a rentar casas en el Distrito Federal, en las colonias Ampliación Jardines del Pedregal, de la delegación Álvaro Obregón, y en Santa Úrsula Xitla, en Tlalpan.

La vereda sentimental

López Pérez fue la segunda esposa de Guzmán Loera, con quien procreó cuatro hijos. Uno de ellos, Édgar Guzmán López, de 22 años, fue ultimado el 8 de mayo de 2008 en un centro comercial de Culiacán. Sus asesinos utilizaron bazucas y lanzamisiles.

El ataque siguió a la detención de Alfredo Beltrán Leyva, *El Mochomo*, quien había sido capturado en enero de ese año por el Ejército. La organización de los hermanos Beltrán Leyva acusó a *El Chapo* de haber entregado a los militares a quien durante años había sido su brazo derecho.

La represalia fue parte de la disputa que desde 2004 mantienen *El Chapo* e Ismael *El Mayo* Zambada con sus antiguos aliados del cártel de Sinaloa, los hermanos Beltrán Leyva y los Carrillo Fuentes (edición especial de **Proceso** número 28. *La guerra del narco*).

Griselda López ha pasado la mayor parte de su vida en Jesús María, pueblo ubicado a 30 minutos de Culiacán. De ese lugar son originarios sus padres, por lo que ahí ha pasado la mayor parte de su vida. Incluso, el capo construyó para ella y sus hijos una residencia separada de la población sólo por la carretera.

En Jesús María está también la sepultura de Édgar Guzmán: un mausoleo levantado en una superficie de dos mil metros cuadrados que supera en tamaño a la iglesia local.

Édgar fue asesinado junto con su primo Arturo Meza, hijo de Blanca Margarita Cázares Salazar, identificada por el Departamento del Tesoro de Estados Unidos como *La Emperatriz*, y por sus paisanos como *La Chiquis*. Cázares es señalada también por Estados Unidos como parte de la estructura del cártel sinaloense dedicada al blanqueo de dinero.

Durante un recorrido por Jesús María, en marzo del año pasado, los habitantes describieron a este medio cómo es la familia de Griselda López, *La Karla*, como la llaman varios de los entrevistados: Es "sencilla" y "tranquila", no sólo toma parte de todas las festividades del poblado, sino que también los hace partícipes de sus eventos. Édgar, el hijo mayor, era querido por los lugareños por su trato afable.

Un ejemplo: a la ceremonia luctuosa oficiada en su honor acudió todo el pueblo. Al término de la misa, la señora Griselda, en agradecimiento por su solidaridad, ofreció a los presentes un recuerdo: un costalito que contenía un rosario de oro de 24 kilates (edición especial de **Proceso** número 24. *El México narco*).

El síndico del pueblo, Juan León, en entrevista telefónica el 14 de mayo, señala que el Ejército continuamente entra al poblado a realizar cateos. El último fue hace un par de meses. Sin embargo –afirma– en ninguno de ellos se han decomisado viviendas ni ha habido detenciones.

–¿La casa de la señora Griselda ha sido cateada?

–Ahí no sabría decirle –responde evasivo.

Agrega: "Ellos son una familia que ha vivido toda la vida en este pueblo, son muy tranquilos".

–¿Es común que Guzmán Loera acuda a visitarla?

–De eso no puedo yo hablarle –responde breve para concluir la entrevista.

Jesús María es un pueblo de apenas tres mil habitantes, ubicado en las estribaciones de la Sierra Madre Occidental, donde comienzan los cultivos de mariguana y amapola en uno de los vértices del Triángulo Dorado del narcotráfico, integrado también por regiones de Durango y Chihuahua.

Antes de Griselda López, *El Chapo* estuvo casado con Alejandrina María Salazar Hernández, con quien contrajo matrimonio en 1997 y tuvo cuatro hijos. El mayor, Archivaldo Iván Guzmán Salazar, *El Chapito*, fue detenido el 9 de junio de 2005.

Estuvo preso en el penal del Altiplano bajo cargos de lavado de dinero y probable participación en el asesinato de la estudiante canadiense Kristen Deyell, en Guadalajara. Quedó en libertad el 11 de abril de 2008 por falta de elementos, según resolvió el magistrado Jesús Guadalupe Luna Altamirano, entonces titular del Tercer Tribunal Unitario del Primer Circuito.

En otro intento de la PGR por procesar a una de las parejas del narcotraficante, en junio de 2005 el juez Antonio González García, titular del juzgado Octavo de Distrito, negó a la Procuraduría las órdenes de aprehensión por lavado de dinero contra Alejandrina María Salazar y algunos de sus familiares, entre ellos su hermana Imelda.

Ese mismo mes la sobrina de Alejandrina, Claudia Adriana Elenes Salazar, quien estuvo presa en el penal de Santa Martha Acatitla, fue exonerada por el mismo Tercer Tribunal Unitario del cargo de lavado de dinero.

El propio magistrado Luna Altamirano determinó en esa ocasión que "la PGR no aportó elementos de prueba para considerar, ni siquiera de manera indiciaria, que una cuenta bancaria a nombre de la inculpada hubiera sido manejada con recursos de procedencia ilícita", por lo que ordenó que se revirtiera el fallo del juez de primera instancia que sometió a proceso a la mujer.

Otra pareja de Guzmán Loera fue Zulema Hernández, con quien se relacionó mientras estuvo preso en el penal de Puente Grande. Con ella no tuvo descendencia, pero sí una fuerte relación sentimental que ella misma narró a Julio Scherer García en una entrevista publicada por el fundador de **Proceso** en su libro *Máxima seguridad. Almoloya y Puente Grande*.

Las siguientes son sólo dos líneas de una infinidad de cartas que le escribió el capo: "Cariño, en estos días mi único consuelo es pensar y pensar mucho en ti y en lo que un día espero sea mi vida a tu lado. JGL".

Zulema quedó en libertad el 6 de junio de 2006, pero el 27 de diciembre de 2008 fue encontrada sin vida en la cajuela de un automóvil abandonado en Ecatepec, Estado de México. Su cuerpo estaba marcado con la letra Z.

En julio de 2007 *El Chapo* se casó con Emma Coronel Aispuro en La Angostura, localidad del municipio de Canelas, Durango, donde habitan Blanca Estela Aispuro Aispuro e Inés Coronel Barrera, padres de Emma.

Dos días después de la boda el Ejército cateó varias casas de la comunidad, pero no hubo decomisos ni detenidos (**Proceso** 1609). Los militares no han regresado al lugar.

2 de septiembre de 2007

Y el capo mayor se casó con Emma I...

Patricia Dávila

CANELAS, DGO.- Aquí, en pleno corazón del Triángulo Dorado del narcotráfico –como se conoce a la zona donde confluyen los estados de Sinaloa, Chihuahua y Durango–, Joaquín *El Chapo* Guzmán Loera contrajo matrimonio.

El 2 de julio pasado el famoso narcotraficante se casó en La Angostura, localidad de este municipio a donde los fuereños llegan sólo por caminos accidentados. Con todo y eso, además de autoridades locales asistieron a la boda exfuncionarios del gobierno de Sinaloa, tierra natal de Guzmán Loera.

Su nueva esposa, de 18 años de edad, se llama Emma Coronel Aispuro.

Previamente, para halagar a su novia, el narcotraficante más buscado y por el que la DEA ofrece 5 millones de dólares, secuestró prácticamente a la cabecera municipal durante todo un día, el 6 de enero de 2007, para ofrecer un baile en honor a Emma en la plaza municipal.

Localizado en la Sierra Madre Occidental, Canelas –cabecera del municipio del mismo nombre– tiene 2 mil habitantes. La Procuraduría General de la República considera éste uno de los lugares del país donde más se cultivan y trafican la mariguana y la amapola. La gente misma reconoce que aquí se siembran en 80% esos enervantes y 20% de maíz o de frijol.

Igual que los municipios de Tamazula y San Dimas, esta región atrae a los capos del narcotráfico, que la hicieron parte de su Triángulo Dorado. Dentro de todo, La Angostura es una de las localidades más alejadas de Canelas, la cabecera: en época de lluvias sólo se llega después de tres horas y media en motoneta; la otra opción es el helicóptero. Pero aunque apenas hay 10 casas, su ubicación es lo importante: colinda con Tamazula, Durango, y Culiacán, Sinaloa.

Prófugo desde el 19 de enero de 2001, cuando escapó del penal federal de Puente Grande, Jalisco, *El Chapo* Guzmán se estableció en La Angostura a finales del año pasado.

Luego conoció a Emma, de tez blanca, cuerpo bien delineado y estatura de 1.70.

Una fiesta segura

En su parte pública, la peculiar historia de amor comenzó el 20 de noviembre de 2006: ese día el ayuntamiento convocó a todas las jovencitas al concurso para elegir a la reina de la Gran Feria del Café y la Guayaba 2007.

Una de las postulaciones provocó sorpresa: Emma, una muchacha del lejano caserío de La Angostura, competiría con Baudelia Ayala Coronel, de El Ranchito; Rosa Sandoval Avitia, de la cabecera; Alma Díaz Rodríguez, de Zapotes, y Nancy Herrera Vizcarra, de Mesa de Guadalupe.

A partir de entonces las cinco candidatas organizaron actividades para ganar simpatizantes. Emma invitó a cuanta gente pudo al gran baile que haría el 6 de enero de 2007. Sobre este acontecimiento, el periódico local *El Correo de la Montaña*, de mayo pasado, dijo que le dio a Emma una "morbo-popularidad", una fama basada en las expectativas de que *El Chapo* asistiera. Ya corrían rumores –que luego resultaron ser noticias– sobre la boda.

Llegó el Día de Reyes. A las 11 de la mañana unas 200 motonetas con asientos para dos personas llegaron a Canelas. A bordo de ellas, hombres con vestimenta y pasamontañas negros, con metralletas colgadas del hombro y pistolas de grueso calibre en los cinturones. Poco a poco se distribuyeron en las 10 entradas del pueblo, incluyendo las de herradura (a caballo). Se apostaron en todas las calles.

Luego arribaron a la pista de aterrizaje, en avionetas de cinco plazas, los integrantes del grupo musical Los Canelos de Durango, con la misión de amenizar el baile. Pero también iban armados: presumían sus pistolas con cachas de oro.

Horas más tarde, a las 16:30, llegaron seis avionetas de ala fija. *El Chapo* bajó de una de ellas.

Vestía pantalón de mezclilla, chamarra, cachucha y tenis de piel negra. Éstos tenían una raya blanca. Como si fuera parte de su vestuario, en el pecho llevaba cruzado un fusil de asalto AK-47, *cuerno de chivo*, y en la cintura una pistola que hacía juego con la ropa.

Después de él bajó de la misma aeronave su brazo derecho, *Nacho* Coronel, originario de Canelas.

Enseguida se desplegó el resto del cuerpo de seguridad del narcotraficante al que se supone el más buscado. De otras tres avionetas bajaron hombres vestidos con uniforme verde, semejante al de los militares; portaban chalecos y radios fijos en el pecho. El operativo fue más ostentoso que el implantado en las giras presidenciales.

En las otras dos avionetas iba el armamento: granadas, *cuernos de chivo*, metralletas y pistolas. También incontables cajas de whisky.

Dos helicópteros comenzaron a sobrevolar la zona; el operativo estaba completo. En la plaza central, Los Canelos abrieron el baile con *Cruzando cerros y arroyos*, canción con la que El Chapo enamoró a Emma:

"Cruzando cerros y arroyos /he venido para verte..."

Y en otra estrofa:

"Eres flor, eres hermosa, /eres perfumada rosa /que ha nacido para mí. /Acerca tu pecho al mío /y abrázame, que hace frío, /y así seré más feliz."

La orgullosa joven de La Angostura paseaba por la plaza mezclándose con la gente y debidamente cuidada. Los hombres de su galán le abrían paso cuando éste quería bailar. La pareja, como dice su canción, se veía feliz.

Con tanta vigilancia la fiesta debía ser un éxito. De pronto, en un extremo de la plaza un hombre disparó un balazo, pero los guardias de El *Chapo* nomás lo aplacaron. Ningún altercado, era la consigna. Al ingenuo que intentó tomar una foto le quitaron la cámara. Después sólo se oyó la música y la algarabía normal de un gran baile de pueblo.

Ahí estaban, por supuesto, los padres de Emma: Blanca Estela Aispuro Aispuro e Inés Coronel Barrera. En La Angostura, Inés se dedica oficialmente a la ganadería, aunque quienes lo conocen saben que realmente su fuerte es la siembra de mariguana y amapola. Emma anunció ese día su matrimonio y, durante el bailongo, Coronel Barrera no disimuló su alegría por emparentar con un jefe tan poderoso.

Había pocas pero notorias personas. Algunos asistentes dicen haber reconocido al exsubprocurador de Justicia de Sinaloa, Alfredo Higuera Bernal, y al presidente municipal de Canelas, Francisco Cárdenas Gamboa, de extracción panista, quien concluyó su encargo el 31 de agosto y cuya presencia generó dos versiones: que fue forzado a asistir o bien, que es un integrante más de la organización de El *Chapo*.

En el reino del capo

Los objetivos del baile se cumplieron: Emma quedó a la cabeza del concurso para reina de la Feria del Café y la Guayaba 2007 y Joaquín Guzmán afianzó su relación con ella. De paso, demostró su poder al aparecer en público desafiando a policías y militares. Además de Canelas, en el presente año se le ha visto en los concurridos restaurantes El Mirador, de Monterrey, y La Garufa, de Torreón.

A las 11 de la mañana del día siguiente despegaron los aviones del capo. Aparte de los recuerdos de una fiesta fenomenal, a los habitantes de Canelas les quedó la certeza de que pronto habría boda.

Aunque hablan con mucha reserva, los propios vecinos recuerdan que dos días después, el 8 de enero, llegaron al municipio 150 militares del 72 Batallón de Infantería, destacamentado en Santiago Papasquiaro, Durango. Acamparon frente a la pista de aterrizaje, en la Cañada del Macho y Ojito de Camellones, e instalaron un retén en la carretera. Se quedaron 44 días.

El 14 de febrero se contaron los votos del concurso: de 800, 400 los ganó Emma Coronel; en segundo lugar quedó Alma Díaz Rodríguez y el tercer puesto fue para Baudelia Ayala. Ese día regresó la música con los grupos Alegres del Barranco, la Banda Tierra Blanca y nuevamente Los Canelos. Cada uno abrió con el corrido *Cruzando cerros y arroyos*, dedicado a Emma I.

La coronación se consumó el 23 de febrero, día de la inauguración de la feria. Varios canelenses dicen que *El Chapo* estaba presente mientras Emma recorría las calles del pueblo. Casualmente dos días antes, el 21 de febrero, se había retirado el destacamento del Ejército.

El periódico de la comunidad, *El Correo de la Montaña*, reseña en su boletín número 23:

"En la edición de éste 23 de febrero de 2007, en punto de las once horas aproximadamente, previo desfile por el encementado de la cancha deportiva habilitada para el magno evento de coronación de Sus Majestades –como dijera el conductor del programa al referirse al cortejo saliente y al entrante–, la autoridad municipal presidida por el C. Francisco Cárdenas Gamboa, sin más preámbulo, procedió a colocar la corona en las sienes de Emma I; a la vez que el Sr. Rodolfo Dorador, Senador (del PAN) por la República, hacía lo mismo con Alma, elegida –al igual que la reina– democráticamente Princesa."

Continúa el periódico:

"Emma I llega al reinado precedida de gran morbo-popularidad, que se genera a partir del día 6 de enero, en el cual presidió un comentadísimo y lucido baile en la cabecera municipal. A partir de ahí y sumado a ello la sencillez y simpatía que la caracterizan, así como sus ganas de triunfar, le hicieron merecer el que la mayoría de los votantes la prefirieran como Reina de Canelas, edición 2007…"

El de Emma I es el reinado más corto en la historia de la feria. Por tradición, si la reina se casa es sustituida por la princesa. Pero ésta se casó también en julio. Para el último informe del alcalde Cárdenas Gamboa, el pasado 30 de agosto –acto al que debe asistir la soberana–, el maestro de ceremonias presentó como nueva reina de Canelas a la hasta entonces "embajadora" Baudelia Ayala.

Tercera luna de miel

Junto con Héctor *El Güero* Palma Salazar, hasta 1989 Joaquín Guzmán Loera fue lugarteniente del "capo de capos" Félix Gallardo, que en abril de ese año fue detenido por Guillermo González Calderoni, comandante de la Policía Judicial Federal en el sexenio de Carlos Salinas de Gortari. Ya en prisión, Gallardo decidió repartir su territorio.

De acuerdo con datos de la PGR, El Chapo Guzmán recibió Mexicali y San Luis Río Colorado; Rafael Aguilar Guajardo, Ciudad Juárez, Chihuahua y Nuevo Laredo; Héctor Palma, Nogales y Hermosillo; Jesús Labra, tío e impulsor de los Arellano Félix, Tijuana; e Ismael El Mayo Zambada, Sinaloa.

En su libro Los capos, el periodista Ricardo Ravelo narra cómo Ramón, Benjamín y Francisco Rafael Arellano Félix impusieron su poder en todo Baja California, rompiendo el acuerdo con El Chapo, a quien echaron de su territorio. Incluso invadieron Sinaloa y Durango.

En 1993 la detención de Francisco Rafael cimbró la estructura de los Arellano Félix, pero eso no detuvo su guerra a muerte con El Chapo, quien se asoció con El Güero Palma hasta que éste fue detenido y llevado al penal de máxima seguridad de Puente Grande, Jalisco. Más tarde, ambos se aliaron con El Mayo Zambada.

El 23 de mayo de 1993, en un enfrentamiento entre la banda de los Arellano Félix y la de El Chapo en el Aeropuerto Internacional de Guadalajara –que sigue sin aclararse– fue asesinado el cardenal Jesús Posadas Ocampo. En consecuencia, el gobierno federal desató una persecución que culminó ese mismo año con la detención de Joaquín Guzmán en Guatemala.

Durante siete años Guzmán gozó de un poder absoluto dentro del reclusorio federal de Puente Grande. En complicidad con El Güero Palma y Arturo Martínez Herrera, El Texas, y con varios custodios a su servicio, preparó su fuga durante dos años y la llevó a cabo el 19 de enero de 2001.

Fue en ese penal donde El Chapo sostuvo la última relación sentimental de que se había tenido noticia hasta ahora. Fue con Zulema Hernández, que se convirtió en su amante en prisión. Julio Scherer García, en su libro Máxima seguridad, publicado en noviembre de 2001, reproduce la entrevista que le hizo en prisión a la amante de El Chapo.

En Puente Grande el capo atendía a Zulema Hernández y a su segunda esposa, Laura Álvarez Beltrán. Su primera esposa fue Alejandrina María Salazar Hernández, con quien se casó en 1977 y procreó cuatro hijos. El mayor de ellos, Archivaldo Iván Guzmán

Salazar, conocido como El Chapito, está preso en el penal del Altiplano, antes La Palma, desde el 9 de junio de 2005, bajo los cargos
de lavado de dinero y su probable participación en el asesinato de
la estudiante canadiense Kristen Deyell en Guadalajara.

Con su reciente boda, Emma Coronel Aispuro se convirtió en la
tercera esposa del narcotraficante. Aunque inicialmente se divulgó que el enlace sería el 3 de julio, finalmente se adelantó un día
para hacerlo coincidir con el cumpleaños 18 de Emma.

La ceremonia se realizó en La Angostura. A diferencia del baile
del Día de Reyes, el día de la boda la gente de Guzmán Loera cercó el caserío y sólo estuvieron presentes familiares de la novia y
personas muy allegadas a El Chapo, como Ignacio Coronel y el exsubprocurador del gobierno de Sinaloa, Alfredo Higuera Bernal. Al
juez y al sacerdote los llevó Guzmán desde Sinaloa.

Lugareños que conocieron de estos hechos aseguran que la
boda siempre estuvo programada para el 2 de julio y que con el
cambio de fecha el novio descontroló a sus enemigos. Un día después de la ceremonia, La Angostura fue cateada por soldados,
pero Emma Coronel y Joaquín Guzmán ya estaban en Colombia,
según una versión; otra dice que se fueron a una casa nueva en
plena montaña.

El Chapo también pudo despistar a otros enemigos. Días después de la boda los habitantes de Canelas vieron una aeronave
sobrevolar la zona. Creen que se trataba de una avioneta perteneciente a capos rivales.

En Canelas se sigue escuchando su corrido: "Alegre y enamora-
do, siempre le ha gustado ser. /La plebe que le ha gustado, siempre
la carga con él, / le cueste lo que le cueste, pues ejerce su poder".

CAPO DE
EXPORTACIÓN

4 de junio de 2011

En Guatemala, bajo protección

Jorge Carrasco Araizaga y J. Jesús Esquivel

CIUDAD DE GUATEMALA.- Inalcanzable para el gobierno mexicano, Joaquín El *Chapo* Guzmán se mueve a sus anchas en Guatemala y Honduras bajo la protección de un cerco "militar" para dirigir personalmente el trasiego de drogas desde Centroamérica hasta México y Estados Unidos.

El jefe del cártel de Sinaloa entra y sale de los dos países centroamericanos gracias al control que ejerce en vastos territorios de esta región, a pesar de que en 1993 fue detenido casualmente en Guatemala por el general Otto Pérez Molina, quien ahora es uno de los principales candidatos a la Presidencia.

Tan sólo en lo que va de este año, los servicios de inteligencia guatemaltecos y de Estados Unidos han ubicado a El *Chapo* por lo menos cinco o seis veces en el norte y el noroeste del país, muy cerca de la frontera con Honduras. "La última vez que se le vio aquí en Guatemala fue en Semana Santa (en abril de este año) en la zona de Puerto Barrios", asegura en entrevista con **Proceso** el ministro de Gobernación, Carlos Menocal.

"En tres de esas ocasiones existe la certeza de la presencia de El Chapo porque en los lugares donde estuvo se encontraron documentos y dinero, y se detectaron comunicaciones", dice el ministro con base en información de la agencia antidrogas de Estados Unidos (DEA) y de la Secretaría de Inteligencia Estratégica del Consejo de Seguridad Nacional de Guatemala.

De acuerdo con Menocal, tras detectar la presencia de El Chapo los gobiernos de Estados Unidos y Guatemala han realizado operativos para capturarlo, "pero por incompetencia el Ejército guatemalteco ha llegado tarde".

Además de haber sido ubicado en su principal zona de influencia –en la frontera occidental de Guatemala con México, en el Pacífico sur y en la frontera con Honduras–, se ha establecido por temporadas en la capital guatemalteca.

"En febrero y marzo del año pasado se le ubicó en el complejo residencial Majadas, donde tenía dos o tres casas; desde ahí operó un buen rato", dice una fuente de inteligencia militar que recibió a los reporteros de **Proceso** con la condición de que no revelaran su identidad.

El fraccionamiento Majadas se localiza en una de las zonas más exclusivas en el norte de esta capital, por la carretera que va hacia la turística ciudad de Antigua. El complejo residencial está, por así decirlo, protegido por el hotel Tikal Futura, alrededor del cual se concentran agencias automotrices y tiendas exclusivas, en su mayoría estadunidenses. Con notoria vigilancia privada a cargo de agentes dotados de pistolas, armas largas y equipos de radio, el complejo se localiza a un lado del Country Club de la ciudad de Guatemala.

Para ingresar a Majadas los visitantes, e incluso los residentes, se deben identificar en las casetas de vigilancia de las entradas. Cualquier movimiento de autos o personas desconocidas es reportado de inmediato a través de radios en la cadena de guardias apostados a lo largo y ancho de la calle que desemboca en la zona residencial.

Una fuente de inteligencia civil guatemalteca sostiene que El Chapo "es el tema de fondo" cuando se habla del narcotráfico en Guatemala, ya que se desplaza con todas las facilidades desde hace mucho tiempo por la frontera con Honduras, Huehuetenango, La Antigua y El Petén, en la frontera con México, y en la propia ciudad de Guatemala.

"Lo cuidan militares mexicanos, guatemaltecos y hondureños, además de la protección que recibe de los policías de las zonas por donde se mueve. En la frontera con El Salvador, al sureste de Guatemala, también se han localizado equipos de escuchas que trabajan para él", dice la fuente.

Subraya que El Chapo "se mueve en helicópteros y una de las principales empresas que utiliza es Transportes Aéreos de Guatemala (TAG), propiedad del general retirado Francisco Ortega Menaldo, quien participó en la guerra civil guatemalteca. Y de acuerdo con información de Estados Unidos, quien lo lleva y trae es Gregorio Valdés, representante de la empresa de helicópteros Piper".

Acechando en la "tierra de nadie"

El cártel de Sinaloa está presente en Guatemala desde los noventa y ha establecido lazos con los capos locales del narcotráfico para traficar drogas provenientes de Colombia. Igual que lo hicieron con el cártel del Golfo, los narcotraficantes guatemaltecos se encargaron durante años de garantizar el traslado de los narcóticos a México, en su ruta hacia Estados Unidos.

Hasta 2007, cuando se empezó a detectar la presencia de Los Zetas, el movimiento de las drogas se efectuaba sin violencia en un acuerdo tácito de no agresión entre los cárteles locales, el de Sinaloa y el del Golfo.

El Chapo estableció sus dominios en Guatemala a través de las familias que ya tenían un control territorial específico. En la costa del Pacífico, en el sur del país, que va desde el Departamento de Quetzaltenango hasta Santa Rosa, el trato era con el narcotraficante Juan Ortiz López, Chamalé, capturado el 29 de marzo pasado y quien es requerido en extradición por la justicia estadunidense.

En la frontera con El Salvador, Guzmán Loera estableció vínculos con la familia de los Lorenzana y con Otto Herrera, un capo recientemente extraditado a Estados Unidos.

En la región central, en los departamentos de Jalapa, Chimaltenango, El Progreso, Tonicapán y la capital del país, el enlace de El Chapo es con las familias de los Mendoza y los Ponce.

Hay un sector en la frontera con México, entre los departamentos de Quetzaltenango, San Marcos, Huehuetenango y parte del Quiché, donde el territorio no está controlado por ningún grupo del crimen organizado. "Es tierra de nadie", coinciden los entrevistados.

Una fuente de los servicios de inteligencia mexicanos asegura que esa zona es la puerta principal para el contrabando de armas, drogas, migrantes y gasolina. Este negocio ilegal lo realizan tanto el cártel de Sinaloa como el del Golfo y, en años recientes, también *Los Zetas*. Todos tratan de relacionarse con los caciques locales, quienes de ese modo mantienen el control del paso de la amapola que se siembra sobre todo en el departamento de San Marcos.

El único cártel local encargado de la siembra y el trasiego de la amapola que había en Guatemala era el de *Chamalé*, socio de *El Chapo*. La localidad de Tecún Umán, fronteriza con México, es el punto estratégico para el comercio de ese narcótico. El ministro de Gobernación guatemalteco, Carlos Menocal, dice a **Proceso** que en ese lugar las organizaciones mexicanas trasladan la mercancía en helicópteros con facilidad porque no hay mayor presencia de las fuerzas de seguridad de ninguno de los dos países.

Intermediarios llevan la semilla de amapola a Guatemala desde Chiapas y la venden a campesinos de los municipios fronterizos de Tejutla, Ixchiguán, Tajumulco y San Miguel Ixtahuacán, según datos del ejército y la Policía Nacional Civil (PNC), dependiente del Ministerio de Gobernación.

En esos poblados, el opio se vende por kilo o por onza a los intermediarios mexicanos, que luego lo trasladan en mulas por los caminos de terracería hasta México, donde están los laboratorios para convertirlo en heroína negra.

"Esa parte del territorio mexicano la han descuidado mucho; de ahí la toma de la frontera por los narcotraficantes. No hay presencia militar ni vigilancia de otro tipo, aun cuando el gobierno mexicano conoce de la incapacidad de Guatemala para prevenir este tráfico", subraya la fuente de inteligencia militar guatemalteca.

En la "tierra de nadie" se han registrado numerosos enfrentamientos por el control y el "tumbe" (robo) de droga sin que se hagan públicos. "Ha habido muchos muertos, de todo tipo: sicarios, pandilleros, kaibiles y mexicanos; los cárteles recogen a sus muertos para no llamar la atención", dice un experto guatemalteco en el tema de la delincuencia organizada originario de esa región.

Desde que inició su colaboración con los capos guatemaltecos, El Chapo reclutó a desertores kaibiles, la fuerza especial del ejército de Guatemala, a los que ha utilizado como fuerza de protección de cargamentos, de acuerdo con funcionarios gubernamentales.

Captura circunstancial

Sandino Asturias Valenzuela, coordinador general del Centro de Estudios de Guatemala, dice que la organización comandada por El Chapo se aseguró de contar con el apoyo social en los territorios donde opera. "La gente que pasa las drogas para él deja dinero a la gente de las comunidades de las rutas del trasiego para que no denuncien ante las autoridades. Es una especie de Robin Hood", considera el hijo del Premio Nobel de Literatura guatemalteco, Miguel Ángel Asturias.

Asegura que entre San Marcos y Huehuetenango es donde hay más pistas clandestinas, las cuales son protegidas por la población local a cambio del dinero y del pago en especie que les hace la organización de El Chapo.

El departamento de San Marcos es netamente agrícola y tiene el mayor índice de pobreza de todo el país. En 2005 el huracán Stan devastó la mayoría de las viviendas de las comunidades y Asturias dice que incluso las organizaciones de narcos que operan en la zona han dado dinero a los campesinos para la reconstrucción de sus casas.

El 4 de abril de 2007, en las montañas de San Marcos, la PNC y el ejército destruyeron 63 millones de plantas de amapola. El Ministerio de Gobernación admite que la ausencia de las fuerzas armadas de los dos países en la tierra de nadie fronteriza ha permitido que el gobierno de Estados Unidos encabece los operativos de ubicación de cultivos, incautación de cargamentos y detención de narcotraficantes.

"Tenemos que hacerlo a través del gobierno de Estados Unidos, en colaboración con la DEA", que tiene en Guatemala el mayor número de agentes desplegados en América Latina, después de Colombia y México. No llegan a cien, pero sí son varias decenas", acepta Menocal.

Explica que el gobierno de Guatemala tiene sólo seis helicópteros, tanto de la fuerza aérea como de la policía, mientras que la DEA cuenta con el mismo número de aeronaves, con la diferencia de que sus aparatos son los prestigiados Huey de transporte y artillados.

Un integrante del contingente, que en junio de 1993 capturó a Guzmán Loera en Guatemala luego de que su avión cayó en la frontera occidental con México, asegura a **Proceso** que antes de ese incidente no se había notado la presencia de cárteles mexicanos en su país. Pero éstos, apunta, en esa época empezaron a desplazar de Centroamérica a los cárteles colombianos de Cali y de Medellín.

A cargo del general Otto Pérez Molina, actual candidato a la presidencia de Guatemala por el Partido Patriota, la captura de El Chapo fue circunstancial. El ejército guatemalteco estaba haciendo una investigación sobre tráfico de armas desde Nicaragua, para lo que infiltró a dos personas entre los vendedores. Entonces ocurrió el accidente aéreo y apareció El Chapo, pero el operativo no estaba planeado específicamente para capturarlo, cuenta el militar.

"Estados Unidos le pidió al gobierno de Guatemala que dejara de lado el tema del tráfico de armas y se concentrara en el jefe narcotraficante mexicano", enfatiza el militar. Recuerda que el avión en que viajaba el hombre más buscado ahora por Estados Unidos se cayó en el Pacífico sur alrededor de las 11 de la mañana. "A las tres o cuatro de la tarde se lo llevaron a México porque no había posibilidad de tenerlo aquí. No le hicimos ningún interrogatorio. Fue un arreglo entre los entonces presidentes Ramiro de León Carpio y Carlos Salinas de Gortari".

La entrega se hizo en la frontera de Tecún Umán. Llegaron tres oficiales de inteligencia de Guatemala y otros de la Procuraduría General de la República de México.

El ejército guatemalteco se enteró en ese momento de que El Chapo estaba asegurando el control de este tramo de la frontera para no utilizar el lado norte de Guatemala, donde había actividad guerrillera.

Guzmán Loera pasó ocho años encarcelado hasta su fuga, en enero de 2001, del penal "de máxima seguridad" de Puente Grande, Jalisco, al inicio del gobierno de Vicente Fox. Desde entonces, durante los gobiernos del PAN se ha consolidado como el principal capo en México y es considerado por la revista estadunidense especializada Forbes como uno de los hombres más ricos del mundo.

Cuando capturó a El Chapo, el general Pérez Molina era el director de Inteligencia del ejército, del que después fue jefe del Estado

Mayor. Ahora, bajo el lema de "mano dura", en su campaña presidencial y ya como general retirado, es un fuerte competidor en los comicios presidenciales del próximo 11 de septiembre.

El militar de 60 años participó en los Acuerdos de Paz firmados en 1996, luego de 36 años de guerra civil, y fue promotor de la Escuela Kaibil del ejército, que se ubica en El Petén y se ha convertido en proveedora de hombres para las organizaciones delictivas mexicanas.

17 de octubre de 2009

La ruta nicaragüense

Roberto Fonseca

MANAGUA.- El 17 de septiembre pasado, después del periodo feriado nacional, estalló una crisis política en el seno de la Sala Penal de la Corte Suprema de Justicia (CSJ) de Nicaragua, la peor desde el año 2000, cuando la instancia máxima del Poder Judicial se dividió en cuatro salas, entre ellas la Penal.

Ese día, frente a una numerosa batería de periodistas, tres magistrados de la Sala Penal y de tendencia sandinista tacharon de "cobarde" –entre otros epítetos– a su colega disidente el magistrado liberal Sergio Cuarezma, por rehusarse a aprobar o rechazar oficialmente un borrador de sentencia sobre el expediente número 0034-0530-07, contra los integrantes de una célula del cártel de Sinaloa.

Las fuerzas armadas lograron desmantelar dicha célula delictiva en abril de 2007 mediante la Operación Fénix. En esa ocasión fueron capturadas 22 personas, entre ellas seis ciudadanos mexicanos y dos guatemaltecos.

El proyecto de sentencia, en primer lugar, ratificaba una condena de 22 años de prisión a los integrantes de la célula de apoyo del cártel de Sinaloa y, en segundo lugar, ordenaba al Ministerio de Gobernación que coordinara la extradición de los detenidos extranjeros a sus países de origen, con base en el Tratado sobre Ejecución de Sentencias Penales firmado entre Nicaragua y México. En el caso de los guatemaltecos, se pidió aplicar la Convención Interamericana para el cumplimiento de Condenas Penales en el Extranjero.

Ese proyecto de sentencia fue suscrito por los tres magistrados sandinistas frente a cámaras y reporteros, asegurando que lo hacían con "los pantalones bien puestos", sin tener que usar pañales, como según ellos era el caso del magistrado Cuarezma. Sin embargo, éste fundamentó su oposición al proyecto en un razonamiento jurídico, como lo expresó en un documento interno, fechado el 28 de agosto, que hizo llegar a sus colegas.

En su texto, Cuarezma afirma que para proceder a la extradición deben cumplirse tres condiciones básicas: primera, que exista una sentencia definitiva y firme; segunda, que los reos afectados la acepten expresamente, de acuerdo con el artículo 6 del mencionado tratado entre Nicaragua y México; y tercera, la petición oficial por parte del Estado receptor.

Sin embargo, en opinión del magistrado, no se cumple ninguna de esas tres condiciones jurídicas. Dice que lo mismo se aplica a los prisioneros guatemaltecos.

"No dude que suscribiré el proyecto en mención, pero una vez superada esa irregularidad y vulneración al tratado y convención citados anteriormente, y analizado el expediente en aquellos aspectos del recurso propio de casación", aseguró Cuarezma.

Pero los magistrados optaron por no seguir esperando y suscribieron la sentencia definitiva frente a las cámaras, en un verdadero *show* mediático.

"La sentencia está firme, efectivamente la emitió la Sala Penal. Y quiero ser claro en un punto: no hubo rebaja de pena, se mantuvo la sentencia de 22 años", dijo el magistrado sandinista Rafael Solís, vicepresidente de la CSJ.

Paradójicamente una semana después, el presidente de la corte, el magistrado de tendencia liberal Manuel Martínez, le agregó una nueva escena a la tragicomedia jurídica al asegurar que la sentencia era "ilegal" porque no se cumplieron varios requisitos de ley, entre ellos la firma de al menos cuatro magistrados de la Sala Penal, que constituyen la mitad más uno. Sin embargo, después señaló que la sentencia ya se había emitido y que su cumplimiento quedaba en manos de Gobernación.

El arribo de los cárteles

Entre mayo de 2006 y junio de 2007, la Policía Nacional realizó 16 operativos contra células ligadas a los cárteles mexicanos del narcotráfico que operan en Nicaragua.

Consultada por **Proceso**, la comisionada mayor Vilma Reyes, directora de Relaciones Públicas de la Policía Nacional, asegura que en esos operativos se han decomisado 12 mil 795 kilogramos de cocaína, dos aeronaves, 16 lanchas, 25 fusiles –especialmente AK-47, y hasta lanzagranadas–, 24 vehículos y cerca de 1 millón de dólares.

"Se han detectado únicamente dos agrupaciones: (los cárteles de) Sinaloa y el Golfo. Ambas tienen el rol de transportar cargas de drogas que vienen de Costa Rica, país donde coexisten, para luego cruzar por el lago Cocibolca, zona que comparten de alguna manera", explica la comisionada mayor.

El tráfico de alcaloides, principalmente cocaína, se lleva a cabo por múltiples rutas, aunque las preferidas son la carretera Panamericana y las costas del océano Pacífico. Recientemente los narcos también han transportado drogas por el lago de Nicaragua o Cocibolca, el segundo más grande de América Latina, con una extensión de 8 mil 624 kilómetros cuadrados y más de 400 isletas.

La presencia de los cárteles mexicanos se evidenció casualmente en agosto de 2004, cuando la policía y el ejército nicaragüenses hallaron una avioneta quemada y enterrada en la comarca de Samaria, municipio de Villa El Carmen, aproximadamente a 50 kilómetros de Managua.

A raíz de ese hallazgo, las autoridades iniciaron una amplia labor de investigación y de inteligencia que los llevó a descubrir el interés de la gente del cártel de Sinaloa en instalar bases logísticas, de apoyo y de trasiego de drogas en el país, para lo cual compraron muchas propiedades en lugares recónditos.

"En 2007 inició una masiva presencia de mexicanos, susti-tuyendo a los tradicionales guatemaltecos en (las costas de) el Pacífico del país. Ellos se hicieron cargo personalmente de la ope-ración, con sus propios líderes, operarios, transportistas y sicarios que presuntamente venían a garantizar las cargas de drogas", dice la comisionada mayor Vilma Reyes.

El 14 de abril de 2007 se realizó la mayor operación antidrogas, llamada Fénix, para desmantelar la principal base logística del cártel de Sinaloa en territorio nicaragüense, ubicada en la finca La Ceiba, de la comunidad de San Agustín, 67 kilómetros al norte de Managua. Allí los narcotraficantes habían construido una pis-ta aérea de mil 500 por 200 metros. En los siguientes 13 meses se desplegaron las otras 15 operaciones.

Poderes vulnerables

El nicaragüense Instituto de Estudios Estratégicos y de Políticas Públicas (IEEPP), organismo no gubernamental especializado en temas de seguridad pública y de la relación entre civiles y mi-litares, elabora un análisis del crimen organizado trasnacional en Costa Rica, Panamá y Nicaragua, cuyo informe final presentará en los próximos meses.

Roberto Orozco, investigador del IEEPP y coautor del estudio, adelanta que los "puntos ciegos" utilizados para traficar drogas, armas y personas entre Nicaragua y Costa Rica han aumentado de 27 a 72 tan sólo entre 2007 y 2009.

Para vigilar los 80 kilómetros de frontera de Nicaragua con Cos-ta Rica, añade Orozco, sólo existe en el municipio de Cárdenas un puesto policial con cinco efectivos, sin capacidad alguna de patru-llaje. En los hechos, "para el Estado las fronteras no son puntos es-tratégicos de su seguridad; esto es cada vez más explotado por el crimen organizado".

De acuerdo con la Policía Nacional, en Nicaragua se incauta-ron 72 mil 514 kilos de cocaína entre 1990-2008, y la tendencia de los decomisos, igual que la actividad de los traficantes, es ascen-dente: en 2004 se decomisaron cerca de 6 mil kilos del alcaloide, mientras que en 2008 fueron 15 mil kilos.

Asimismo, entre 2000 y 2007 fueron detenidas 8 mil 101 per-sonas vinculadas al tráfico de estupefacientes, 10% de ellas de origen extranjero. Al respecto, el investigador comenta que en

Nicaragua ya empezaron a registrarse asesinatos al estilo de los sicarios, fenómeno reciente en el país.

Señala el caso de dos sujetos –de apellidos Garay y Herrera– que fueron "ejecutados" de esa forma. Extraoficialmente se afirma que pertenecían a grupos de "tumbadores", es decir, de equipos delictivos que se dedican a robar embarques de drogas para luego comercializarlas directamente en el mercado interno o revenderlas a algún otro cártel.

De igual forma, el 18 de septiembre de 2008, la Policía Nacional capturó en el departamento de Rivas, fronterizo con Costa Rica, a un grupo de sicarios que portaba una lista de personas a las que debía matar, presuntamente *tumbadores*.

"Los crímenes que se han suscitado en su mayoría obedecen a venganzas por robos de drogas, por cargamentos que entre ellos mismos se han sustraído y también por la acción de otros grupos de *tumbadores*, principalmente en la frontera sur y la región del Atlántico sur, específicamente las Islas del Maíz", reconoce por su parte la comisionada mayor Vilma Reyes.

Agrega que también se han detectado amenazas y conspiraciones de los cárteles mexicanos de Sinaloa y del Golfo contra mandos de la Policía Nacional y algunos jueces que han dictado sentencias condenatorias para sus secuaces, pero hasta el momento la policía ha conseguido neutralizarlas.

Para el investigador Ricardo Orozco, sin embargo, estos golpes contundentes de las fuerzas policiales no han frenado el incremento del crimen organizado ligado a las organizaciones delictivas mexicanas en Nicaragua.

Según las investigaciones del IEEPP, señala, aquí operan otros cárteles mexicanos, entre ellos *Los Zetas* y el del *Milenio*. "Hay un manejo discreto de la información por parte de las autoridades nicaragüenses, bajo el argumento de que no quieren alarmar a la población, pero hay que preguntarse qué tan vulnerables son las instituciones, los poderes del país, frente al crimen organizado".

Precisamente a raíz de la sentencia del caso que implicó a miembros del cártel de Sinaloa, Ricardo Orozco se pregunta cuán vulnerable es el Poder Judicial. Y recuerda que días antes de que los tres magistrados sandinistas firmaran la sentencia, el diario opositor *La Prensa* difundió que entre los magistrados de la Sala Penal de la CSJ circulaban varios borradores de sentencia, uno de los cuales proponía disminuir la condena de 22 años mediante la tipificación de delitos menores.

De ser cierta, "esa intención evidencia que algo está fallando en el último eslabón de la cadena de justicia en Nicaragua", comenta el investigador, quien está de acuerdo con que se extradite a los seis mexicanos y a los dos guatemaltecos porque los considera "un riesgo para el país".

Por su parte, el magistrado Rafael Solís, vicepresidente de la CSJ, rechazó tajantemente la versión del periódico:

"Fue una canallada, una barbaridad, intentar hacer creer a la opinión pública que nosotros queríamos rebajar las penas (a los miembros del cártel de Sinaloa); por el contrario, estamos apoyando el combate contra el narcotráfico. Así que es una canallada. Eso creó un clima de tensión en la Sala Penal, porque se creía que el magistrado Cuarezma filtró esa información a *La Prensa*", indicó Solís.

De allí que llamara "cobarde" al magistrado disidente Sergio Cuarezma.

17 de enero de 2010

Contacto en Colombia

Daniel Lizárraga

CUERNAVACA, MOR.- Desde su centro de operaciones construido en Morelos, el poderoso capo Arturo Beltrán Leyva tuvo como socio al colombiano Vicente Castaño Gil, alias *El Profe*, identificado como el comandante de la organización paramilitar *Águilas Negras* y fundador del desaparecido grupo armado de extrema derecha Autodefensas Unidas de Colombia (AUC).

La Procuraduría General de la República (PGR) cuenta con información oficial de organismos internacionales y un testimonio del testigo protegido con la clave *César*, quien detalló los nexos del recientemente fallecido *Jefe de Jefes* con una de las figuras representativas en el movimiento armado contrainsurgente de Colombia, desde los noventa.

La información sobre la relación entre Vicente Castaño Gil y Arturo Beltrán Leyva forma parte de una investigación de la PGR (SIEDO/UEIDC/166/2009) sobre la red de servidores públicos que sirvieron de escudo para que los hermanos Beltrán Leyva edificaran en Morelos su principal refugio y, sobre todo, su centro de operaciones durante los últimos tres años.

Que los hermanos Beltrán Leyva –una escisión del cártel de Sinaloa– tenían socios en Colombia para el suministro de cocaína era de dominio público. Lo que no se sabía era que uno de esos contactos era Vicente Castaño Gil, *El Profe*, cuyo paradero desconocen las autoridades colombianas.

Desde los ochenta, grupos de empresarios colombianos trataron de defenderse de la guerrilla agrupada, primero, en el Ejército de Liberación Nacional y luego en las Fuerzas Armadas Revolucionarias de Colombia, financiando a las AUC. Al paso del tiempo ambos extremos –derecha e izquierda– terminaron involucrados en el narcotráfico.

El negocio

La investigación de la Subprocuraduría de Investigación Especializada en Delincuencia Organizada (SIEDO) contra los exfuncionarios morelenses consta de 12 volúmenes. Si se apilan uno sobre otro, levantarían una columna de dos metros. Los acusados están en la prisión de Nayarit, algunos tratando de defenderse y otros presuntamente ampliando sus declaraciones sobre los tentáculos del cártel de los hermanos Beltrán Leyva.

En el tomo seis, la PGR ha incluido el testimonio de *César*. Su nombre real –según algunos diarios editados en la Ciudad de México– es Javier Bargueo Urías, un empresario de Culiacán, quien ha aportado información a las autoridades en México y a una corte de Los Ángeles, California, mediante videoconferencias, desde hace por lo menos nueve años.

No se trata de un testigo protegido cualquiera. Fue él quien reveló los primeros detalles sobre el dinero que Arturo Beltrán Leyva suministraba a Joaquín *El Chapo* Guzmán –líder del cártel de Sinaloa– mientras estuvo preso entre 1993 y 2001 en el penal de alta seguridad de La Palma, hasta su fuga.

César ha participado en al menos 12 juicios contra 31 personas pertenecientes a la banda que aún comandan *El Chapo* Guzmán y Héctor *El Güero* Palma, otro de los míticos capos mexicanos.

Mientras *El Chapo* estuvo preso, Arturo Beltrán Leyva manejó parte de los negocios. Una de sus tareas era atender a su socio y líder de la contrainsurgencia colombiana. En los expedientes a los que tuvo acceso este semanario, *César* reveló que conoció a Arturo Beltrán Leyva entre 1997 y 1998 –cuando *El Chapo* estaba preso– en una fiesta organizada en una casa de seguridad ubicada en Querétaro, estado gobernado en ese entonces por Ignacio Loyola Vera, del PAN, criticado por percibir el sueldo más elevado del país para ese cargo: 214 mil pesos mensuales. Hasta el momento no existe información en el sentido de que éste haya sido investigado por la presencia del narcotráfico en su entidad.

Sin precisar la fecha, *César* contó que Felipe de Jesús Mendívil y su esposa Olga Gastélum Escobar pasaron por él a un hotel. La pareja fue designada por el *Jefe de Jefes* para llevarlo a una reunión que se prolongó hasta poco después de las dos de la madrugada.

César comentó que tardaron entre 20 y 30 minutos en llegar a un fraccionamiento en "la zona de las lomas fraccionadas". Ahí estaba refugiado en ese momento Beltrán Leyva, rodeado de gente armada. Uno de los encargados de coordinar la seguridad era Rafael Jaime, quien presuntamente pertenecía a la Policía Judicial Federal.

En la reunión había no menos de 20 personas, todos hombres. Arturo Beltrán Leyva estaba en un privado. Aun cuando había fiesta, el capo se daba tiempo para ir atendiendo citas. El informante tuvo que esperar sentado en un pequeño recibidor para verlo.

Jesús Mendívil y Olga Patricia Gastélum fueron detenidos por la PGR el 16 de enero de 2001 en Monterrey, Nuevo León, acusados de lavar dinero para el narcotráfico. Al ser capturados tenían en su poder 6 millones 785 mil dólares y un lote de joyas valuado por las autoridades en 75 millones de pesos. El dinero y las joyas –ocultos en maletas y bolsas del plástico– pesaron 170 kilogramos.

Desde 1997 y hasta su detención, durante el gobierno del panista Fernando Canales Clariond, esta pareja habría efectuado 12 transacciones inmobiliarias en Nuevo León, según publicó entonces el diario *El Norte*. El arresto fue por casualidad: vecinos de la colonia Hacienda El Rosario, municipio de San Pedro Garza García –uno de los más ricos del país– reportaron disparos en una vivienda. Los atraparon cuando trataban de huir.

No era la primera vez que los vecinos reportaban a las autoridades movimientos extraños en ese lugar; con frecuencia veían camionetas con cristales oscuros y placas de otros estados, pero nunca les hicieron caso. Incluso la policía ya había entrado una vez a esa casa para rescatar a un policía, Gabriel Vargas Aguilar, supuestamente secuestrado, pero las autoridades atribuyeron el incidente a una borrachera.

Así, la familia completa –con dos hijos menores de edad, uno de ellos armado con una pistola– cayó en manos de la PGR por un pleito familiar. Patricia Mendívil Gastélum, hija de los lavadores de dinero, estudiaba en el Tecnológico de Monterrey y asistía al mismo salón de clase que Mariana Canales Stelzer, hija del entonces gobernador.

Durante el gobierno del presidente Vicente Fox, el que fue el principal socio de *El Chapo* Guzmán controló los estados de Guerrero, Chiapas, Veracruz, Colima, Sonora y desde luego Sinaloa.

El testimonio del testigo protegido *César* narra los movimientos de Arturo Beltrán Leyva en Querétaro y Nuevo León –ambos estados gobernados por el PAN– para cobrar una deuda de 7 millones de dólares a nombre del líder de la contrainsurgencia colombiana, Vicente Castaño Gil.

La deuda mortal

En aquella fiesta de Querétaro, *César* notó que Beltrán Leyva mandaba a Felipe de Jesús Mendívil para que le llevara algún teléfono móvil o a decirles a las personas que hacían antesala que aguardaran un momento más.

César era uno de sus hombres de confianza. Por eso fue que esa misma noche, entre risas y copas, el capo le asignó una tarea especial: en los siguientes días debía ubicar al empresario Raúl Ángel Ibarra Celis para reunirse en privado, en algún lugar donde pudieran moverse.

El asunto era urgente. El *Jefe de Jefes* debía cobrar una deuda por 7 millones de dólares que ese empresario y otros dos, de apellidos Gómez de Castillo y Sánchez Castro, tenían con el líder de la contrainsurgencia colombiana, Vicente Castaño Gil.

Los tres empresarios vivían en Los Mochis, Sinaloa. No obstante, *César* sólo se encargaría de Ibarra Celis. Los demás serían buscados por otros miembros del cártel.

Tiempo después el hoy informante de la PGR logró contactar a Raúl Ángel Ibarra Celis y le pasó el mensaje: el socio colombiano,

El Profe, estaba exigiendo su dinero y el encargado de cobrarlo era Arturo Beltrán Leyva.

La entrevista entre el capo y el empresario se pactó para un mes después en Monterrey, Nuevo León, justo donde operaba Felipe de Jesús Mendívil Ibarra.

César e Ibarra Celis viajaron juntos desde Sinaloa hasta Monterrey. La entrevista se realizó "en un hotel que antes había sido hospital para leprosos, el cual se encuentra sobre una loma o un cerro", según describe el testigo protegido en el expediente consultado por **Proceso**.

Arturo Beltrán Leyva llegó escoltado por hombres armados; entre ellos iba Mendívil Ibarra, quien fue encargado de seleccionar el sitio más seguro.

Pero además de cobrar el dinero de su socio colombiano, *El Jefe de Jefes* aprovechó la ocasión para que uno de los proveedores del cártel le mostrara un lote de joyas. Para ello rentaron dos habitaciones, una para negociar y otra para comprar. Arturo Beltrán Leyva le ordenó a Felipe de Jesús Mendívil que le pagara al joyero 150 mil dólares. El lote le había gustado. "Están muy bonitas", comentó al verlas.

Beltrán Leyva le exigió al empresario sinaloense que pagara 3 millones de dólares, menos de la mitad de la deuda. Raúl Ibarra Celis dijo que no disponía de esa cantidad en efectivo y ofreció en garantía su maquinaria pesada para la construcción.

El capo no aceptó. En lugar de la maquinaria le propuso platicar de nuevo con *El Profe* para que enviara más cocaína a México. Sólo que esta vez las ganancias se repartirían así: 50% para cubrir la deuda con su socio colombiano, 40% para Beltrán Leyva y el restante 10% para gastos de operación. El empresario no obtendría ni un dólar para él. Ante la presión de *El Jefe de Jefes*, Ibarra Celis aceptó el trato.

Otro de los deudores, Gómez del Castillo, alias *El Ronco*, fue asesinado casi inmediatamente después de aquella reunión en Monterrey por evadir la renegociación de la deuda. Era el sello de la casa.

Los días de Ibarra Celis también estaban contados. En su afanosa necesidad de recuperar dinero, este empresario sinaloense habría tratado de traer a México más cocaína, pero de otro cártel colombiano. Al enterarse de esto, el comandante de la organización paramilitar de extrema derecha *Águilas Negras* pidió a su socio mexicano que lo ejecutaran.

El empresario fue acribillado en Los Mochis, Sinaloa, en la calle de Leyva casi esquina con Madero, de acuerdo con el testimonio de *César*.

Paras y narcos

Los hermanos Carlos Castaño Gil y Vicente Castaño Gil, *El Profe*, son los fundadores de las AUC. En 2006, el presidente colombiano Álvaro Uribe puso en marcha un plan de paz que implicaba desmovilizar a los paramilitares, otorgándoles algunos beneficios de ley a cambio de confesar los delitos que hubieran cometido.

De acuerdo con información de la prensa internacional, dos altos mandos de la contrainsurgencia colombiana, Miguel Ángel y Víctor Manuel Mejía, conocidos como *Los Mellizos* y fuertemente vinculados con el narcotráfico, estuvieron dispuestos a deponer las armas.

Miguel Ángel Mejía fue señalado como uno de los enlaces entre las mafias colombianas y mexicanas. De hecho, estuvo en la lista de los 12 narcotraficantes más buscados en Estados Unidos, en tanto que Víctor Manuel participó en la negociación de paz.

En ese proceso surgió la versión de que *El Profe* ordenó matar a su hermano Carlos Castaño, por el temor de que se entregara a la justicia de Estados Unidos y delatara a los jefes paramilitares por delitos de narcotráfico.

Al fracasar la negociación con el gobierno de Colombia, los grupos contrainsurgentes de extrema derecha regresaron a la clandestinidad. Entre ellos está *El Profe*, socio del cártel del narcotráfico de los hermanos Beltrán Leyva.

Para las autoridades colombianas, Vicente Castaño es un fugitivo y representa "el poder en la sombra" de *Las Águilas Negras*. En Estados Unidos lo buscan por delitos relacionados con el trasiego de cocaína.

Las Águilas Negras surgieron tras la desmovilización de las AUC. *El Profe* está prófugo desde 2006, cuando el presidente Uribe ordenó el encarcelamiento de los exjefes del grupo paramilitar en la penitenciaría de máxima seguridad de Itagüí. Hay versiones en el sentido de que el comandante contrainsurgente estaría muerto, pero las autoridades colombianas no las han podido confirmar.

23 de octubre de 2011

Las redes se extienden

Homero Campa y Édgar Téllez

El colombiano Jorge Milton Cifuentes Villa –socio de Joaquín *El Chapo* Guzmán Loera, jefe del cártel de Sinaloa– estableció en México al menos seis empresas para lavar dinero producto del narcotráfico.

Lo hizo de manera abierta: su nombre aparece en la mayoría de ellas como accionista, administrador único o apoderado, según constancias encontradas en el Registro Público de la Propiedad y de Comercio de la Ciudad de México.

Cifuentes Villa, también conocido con el alias de Elkin de Jesús López Salazar, obtuvo incluso la nacionalidad mexicana. Su CURP es la CIVJ650513HNEFLR06. De acuerdo con las autoridades estadunidenses, su domicilio en México se encuentra en la colonia Lomas Country Club, Huixquilucan, Estado de México.

Datos de las actividades de Cifuentes Villa en México y su sociedad con El *Chapo* Guzmán salieron a la luz pública el pasado 6 de agosto, cuando la policía colombiana detuvo a su hermana Dolly por el delito de narcotráfico y lavado de dinero.

Desde 2002, Jorge Milton Cifuentes Villa estableció sus primeras empresas en México, las cuales forman parte de un entramado comercial y financiero valuado en 600 mil millones de pesos y que incluye unas 40 empresas en su natal Colombia, así como en Panamá, Ecuador, España, Estados Unidos y México.

De acuerdo con documentos del Departamento del Tesoro, Cifuentes Villa y sus hermanos Francisco Iván, Hidelbrando Alexander, Héctor Mario, Dolly de Jesús y Lucía Inés utilizaban dicha red de empresas para lavar dinero producto del envío de cargamentos de droga al cártel de Sinaloa. Sólo en los últimos tres años traficaron 30 toneladas de cocaína. Su enlace con El *Chapo* Guzmán era el mexicano Alfredo Álvarez Zepeda, alias Gabino Ontiveros Ríos, presunto familiar de El *Chapo*.

De hecho, en febrero pasado, la Oficina de Control de Activos en el Extranjero (OFAC, por sus siglas en inglés), perteneciente al Departamento del Tesoro de Estados Unidos, incluyó a 70 empresas e individuos de la organización de los Cifuentes Villa en la Lista de Narcotraficantes Especialmente Designados (conocida como Lista Clinton). Ello significa que congeló sus bienes y fondos, además de que prohibió a las compañías estadunidenses transacciones financieras con "los acusados, sus socios y sus empleados".

En esa lista aparecen las seis empresas que Cifuentes Villa estableció en México, las cuales también fueron detectadas por la Dirección de Investigación Criminal e Interpol (Dijin) de Colombia, junto con otras 11 compañías asentadas en Panamá, Ecuador, España y Estados Unidos.

De acuerdo con un documento de la Dijin, del que **Proceso** tiene copia, la organización de los Cifuentes Villa realizó movimientos en "entidades bancarias a nivel internacional" por 150 millones de dólares destinados a dichas compañías. Las empresas asentadas en México son:

–Red Mundial Inmobiliaria SA de CV, con oficinas en Miguel Schultz 127, colonia San Rafael, en la Ciudad de México. Fue registrada el 20 de marzo de 2002 con un capital de 100 mil pesos con objeto de la "compra, venta, arrendamiento (...) y en general la enajenación y adquisición de bienes inmuebles", aunque el 16 de noviembre de 2007 amplió su giro a "la fabricación, compra, venta, importación y exportación de productos alimenticios".

–Operadora Nueva Granada SA de CV, registrada el 9 de octubre de 2002 con un capital de 50 mil pesos. Tiene tres oficinas: en calle Blas Pascal 106, colonia Los Morales, Ciudad de México; en Eje J 999, Departamento 301, en Santa Fe, Ciudad de México; y en Camino del Remanso 80, planta baja, en la colonia Country Club de Huixquilucan, Estado de México. Se dedica a "prestar servicios de restaurante, bar y banquetes, a la organización de toda clase de eventos sociales", así como a la distribución de vinos y licores.

–Le Claude SA de CV, registrada el 3 de septiembre de 2002 con un capital de 50 mil pesos. Su dirección es la misma que la de Red Mundial Inmobiliaria. Se dedica a la comercialización de ropa y calzado.

–Cubi Café Click México SA de CV, registrada el 7 de octubre de 2008 con un capital de 1 millón de pesos y dedicada a la importación de café colombiano y en general a la comercialización de productos alimenticios. Sus oficinas se encuentran en Montecito 38, piso 21, colonia Nápoles, Ciudad de México.

–Monedeux Latin América S de RL de CV, con oficinas en avenida Santa Fe 495, piso 4, colonia Cruz Manca, Cuajimalpa, Ciudad de México. Según su sitio en internet, se dedica a proveer "administración, facturación, cobros, pagos y cuentas concentradoras en plataformas electrónicas".

–Montray SA de CV, ubicada en Jaime Nunó 1291-B, colonia Chapultepec-Country, en Guadalajara, Jalisco. También se dedica a los bienes raíces.

De acuerdo con constancias del Registro Público de la Propiedad y de Comercio de la Ciudad de México, un puñado de personas se rotan los principales puestos en los consejos de administración de estas compañías, entre ellos: José Ricardo Espíndola Torres, Sergio Rafael Sánchez Cano, Claudia Estela López Mejía y el propio José Milton Cifuentes Villa.

Existe otra empresa establecida en México que no aparece en el documento de la Dijin de Colombia, pero sí en la lista de la OFAC estadunidense. Se trata de International Group Oiralih SA de CV, registrada el 10 de abril de 2006 y dedicada a la comercialización de "todo tipo de bienes, productos y servicios en general". Uno de sus accionistas es Fabián Rodrigo Gallego Marín, sindicado como miembro de la red empresarial de la familia Cifuentes Villa. En esa misma compañía aparece como accionista Hilario Cruz Terán, quien según el boletín 622/06 de la Procuraduría General de la República está vinculado con el colombiano Carlos Alberto Arango Vergara, detenido en febrero de 2006 con 7 millones de pesos en su poder.

Al parecer, a las compañías en México de Cifuentes Villa les iba bien. Por ejemplo, Monedeux presume en su sitio web: "La envergadura de nuestra red y la acogida cada vez mayor de nuestros productos nos han permitido convertirnos en la red principal de servicios electrónicos de dinero para empresas y personas".

Y asegura que entre sus clientes se encuentran Citigroup, Microsoft, AT&T, Telefónica de España, Intel, Pepsi, Hewlett Packard y… la Organización de las Naciones Unidas.

La viuda

La caída en desgracia de la organización de los Cifuentes Villa se inició en 2007, cuando la agencia antinarcóticos de Estados Unidos (DEA) empezó a vigilar a María Patricia Rodríguez, la viuda de Francisco Cifuentes Villa, exjefe del clan familiar. Los agentes de la DEA descubrieron que en poco tiempo la mujer había logrado hacerse socia de El Chapo Guzmán desde Colombia.

Hasta abril de 2007, María Patricia era un ama de casa que disfrutaba del dinero y la opulencia que le brindaba su esposo Francisco, quien amasó una enorme fortuna de la mano primero del capo Pablo Escobar, luego de los jefes paramilitares de las Autodefensas Unidas de Colombia (AUC) y más adelante de la temible Oficina de Envigado, una organización criminal que surgió tras el derrumbe del cártel de Medellín.

Francisco Cifuentes había consolidado fuertes lazos comerciales con El Chapo Guzmán, a quien le suministraba cocaína desde una pista de aterrizaje clandestina en la localidad de Cupica, departamento de Chocó, no lejos de la frontera con Panamá y en ruta directa hacia México.

Pero la suerte de María Patricia Rodríguez cambió radicalmente cuando su marido fue asesinado el 17 de abril de 2007 en su finca Villa Aurora, en el municipio de Caucasia, Antioquia, a manos de las AUC, que así le cobraron la tardanza en devolverles una pista de aterrizaje que le prestaron.

Lejos de amedrentarse, la viuda conoció rápidamente los vericuetos del negocio y no tardó en entrar en contacto con Guzmán

Loera: "Sabemos que ella fue a encontrarse con *El Chapo* Guzmán pocos meses después de la muerte de Cifuentes, pero el capo le dijo que su marido le había quedado a deber más de 2 millones de dólares", explica al corresponsal de **Proceso** un oficial de la Dijin.

Asustada, María Patricia entregó a *El Chapo* Guzmán al menos cinco costosas propiedades en los departamentos de Antioquia y Córdoba, en el noroccidente de Colombia, con las cuales saldó la deuda. "No hemos encontrado los bienes todavía porque están en manos de testaferros", añadió el oficial.

Posteriormente, fuentes mexicanas dijeron a los agentes de la Dijin que la mujer aprendió rápidamente los detalles del negocio y, en un segundo viaje a México que hizo en 2009, le dijo a Guzmán Loera que podía trabajar con él y continuar con el trasiego de cocaína desde Colombia. El capo aceptó y puso en contacto a la mujer con sus colaboradores, quienes se encargaron de administrar las rutas y los embarques. Ella asumió el manejo de las pistas de aterrizaje y la adquisición de las aeronaves.

Para realizar tamaña faena, María Patricia echó mano de la experiencia de tres hermanos de su esposo asesinado, quienes desde hacía tiempo eran parte de la organización: Hildebrando Alexander, Jorge Milton y Dolly Cifuentes Villa, quienes se dedicaban a crear empresas de importaciones y exportaciones en diversos países para disfrazar los ingresos del narcotráfico y lavar activos ilegales.

No obstante, el naciente imperio empezó a derrumbarse cuando la policía capturó a la mujer en febrero de 2010. En agosto siguiente fue extraditada a Estados Unidos y recluida en un penal de alta seguridad de Dallas, Texas. Ella, cercana a los 40 años, de personalidad recia, con dos hijos, piloto de profesión y llena de comodidades en Colombia, no soportó el rigor del encierro y contó lo que sabía a cambio de mejorar su precaria situación jurídica.

Así reveló el papel de los tres hermanos Cifuentes Villa en la organización y dio a conocer las direcciones de centenares de propiedades que compraron durante esos años, así como la intrincada red empresarial que tejieron para ocultar sus fortunas.

La información de María Patricia fue determinante para que el pasado 6 de agosto la Dijin capturara a Dolly Cifuentes Villa en el exclusivo barrio de las Brisas de Envigado, en Medellín. Hildebrando y Milton lograron escapar del cerco policial. Se cree que el primero viajó a México para refugiarse con *El Chapo* y que el segundo logró pasar la frontera y ocultarse en Venezuela.

Capítulo 6

21 de mayo de 2011

Argentina, nuevo dominio

Jesusa Cervantes

El cártel de Sinaloa, que lidera Joaquín *El Chapo* Guzmán, amplió su campo de operaciones hacia las provincias más pobres del norte de Argentina, donde ha establecido centros de producción, acopio y distribución de drogas. Arropada por algunas iglesias de la región, esta organización ha logrado mantenerse a salvo de operativos policiacos y desde hace tres o cuatro años se ha vinculado con las comunidades locales, que le brindan la protección que requiere.

El *modus operandi* gracias al cual el cártel de Sinaloa ha podido desplazarse y trabajar en ese país tiene como uno de sus ejes a la Iglesia, sostiene el especialista e investigador del Instituto Tecnológico Autónomo de México Edgardo Buscaglia.

Entrevistado desde México mientras viaja por Argentina, a donde acudió junto con su equipo de trabajo para efectuar un sondeo de campo sobre las andanzas de los cárteles mexicanos, el especialista revela a **Proceso** sus hallazgos y la manera en que los barones de la droga se infiltran en las comunidades más pobres de ese país, pues aclara que, además del cártel de Sinaloa, el de Tijuana y *Los Zetas* lograron extenderse hacia esa nación.

Y lo hacen, puntualiza Buscaglia, mediante el trabajo social que impulsan las iglesias, en especial las evangélicas.

Argentina, el segundo país más grande de Latinoamérica, fue elegido por El *Chapo* para "diversificar sus posiciones" y "minimizar riesgos".

Pero si bien las provincias elegidas por el narcotraficante mexicano –Chaco, Formosa, Misiones– no son las más remotas, sí son las más pobres. Se encuentran en la zona norte en regiones selváticas o boscosas con un clima tropical y templado, aunque en verano las temperaturas llegan a 50 grados centígrados. Su ubicación es estratégica, pues colindan, por un lado, con Paraguay; y, por el otro, con Uruguay.

Según el equipo de Buscaglia, El *Chapo* instaló centros de producción de droga en esas localidades, con la complicidad de algunas iglesias.

El especialista detalla: "En los últimos años Argentina se ha transformado en un centro de producción de drogas sintéticas y esa zona (donde opera El *Chapo*) está compuesta por Formosa, Chaco y Misiones, que están en el norte del país.

"Ahí se ha establecido una base patrimonial y productiva del cártel de Sinaloa y del cártel de Tijuana en combinación, ¡aunque parezca mentira! Pero también hay atisbos de presencia de *Los Zetas* en la parte central del país, en Córdoba y Santa Fe."

–¿Desde cuándo tiene usted conocimiento de que el cártel de Sinaloa comenzó a operar en Argentina?

–Hace tres o cuatro años. Los colombianos ya tenían participación en ese país desde los años noventa, pero los cárteles mexicanos comenzaron a expandirse visiblemente a partir de 2007 y se han ubicado en la zona norte, que son los centros productivos. Su manejo patrimonial y de inversiones está muy focalizado en Buenos Aires, en Córdoba y en Santa Fe.

El posicionamiento

Hasta donde se sabe, el cártel de El *Chapo* llegó a la provincia del Chaco en 2007. Su emisaria fue María Alejandra López Madrid, quien tenía como objetivo poner en funcionamiento la Iglesia Evangélica del Nuevo Milenio, según reveló a medios de aquel país Claudio Izaguirre, presidente de la Asociación Antidrogas de la República Argentina.

Al cabo de dos años no había ninguna información de lo que hizo en ese templo enclavado en una de las zonas más pobres del país. No fue sino hasta agosto de 2009 cuando se suscitó un conflicto entre los habitantes del lugar y un mexicano que aseguró ser pastor y reclamaba la iglesia. Intervinieron las autoridades y el supuesto pastor se identificó con el nombre de Jerónimo López Valdez; reiteró que iba para hacerse cargo del templo.

La policía argentina verificó los datos y comprobó que nadie con ese nombre había ingresado al país y que en México no había registrado pastor alguno con ese nombre. Lo que sí encontraron fue una fotografía con el nombre de Víctor Hugo López Valdez, una persona con antecedentes penales y que en México era buscado por narcotráfico.

El mismo Claudio Izaguirre dio a conocer que la mujer que dos años antes había fundado el templo fue detenida por las autoridades de Paraguay el 2 de mayo de 2009 "por actividades ilícitas".

El 28 de agosto de 2009, *Radio Fénix La Rioja*, de la provincia La Rioja, cercana al Chaco, difundió: "El tenebroso cártel mexicano de Sinaloa pretendería instalarse en Chaco mediante la fachada de iglesias evangélicas... se estima que los individuos tratarían de enviar efedrina al exterior mediante vuelos ilegales".

La radiodifusora reprodujo una declaración del integrante de la Asociación Antidrogas, Claudio Izaguirre: "Hay fuertes sospechas de que el norte argentino sería usado para enviar ilegalmente al exterior, por avionetas, importantes cargamentos de efedrina... pueden transportar hasta 600 kilogramos. Salen de Argentina, arriban al suelo mexicano y hacen escalas en Perú, Costa Rica, Panamá, Nicaragua, Honduras y Guatemala".

En mayo de 2010, el periodista mexicano especializado en temas de narcotráfico José Reveles indagó el caso del Chaco y lo documentó en su libro *El cártel incómodo*.

El 18 de mayo de 2010, la prensa argentina divulgó la versión de que elementos de la agencia antidrogas estadunidense estarían en la localidad de Resistencia, perteneciente a la provincia del Chaco, para indagar la presencia de *El Chapo* Guzmán y el uso de iglesias evangélicas como fachada para encubrir sus actividades.

En su libro Reveles menciona el templo evangélico que El Chapo le construyó a su madre, Consuelo Loera de Guzmán, en la comunidad de La Tuna, en Sinaloa. El templo se convirtió en poco tiempo en el centro de convenciones y ceremoniales al que acuden fieles de 200 kilómetros a la redonda y que provienen de Durango, Sonora, Chihuahua, Jalisco, Colima y Nayarit.

Si bien la presencia del cártel de Sinaloa en algunas provincias de Argentina no se detectó hasta 2009, según los funcionarios antidrogas de ese país ya operaba desde 2007.

Sin embargo, de acuerdo con un reporte que la Secretaría de la Defensa Nacional entregó en octubre de 2010 a los diputados de la LXI Legislatura, fue a inicios de 2003 cuando los cárteles mexicanos redimensionaron su rol para fortalecer su participación e influencia en países de Centro y Sudamérica. Intensificaron su presencia en Colombia, Ecuador, Bolivia, Perú y Centroamérica para la producción de cocaína, y a partir de 2007 se trasladaron a Argentina para la fabricación de efedrina, precursora de drogas sintéticas.

Fachadas

Para algunos especialistas, la estrecha relación entre iglesias de diferentes denominaciones y grupos criminales tiene como uno de sus fines el lavado de dinero.

Marcelo E. Decoud, director regional para América Latina y el Caribe de la International Compliance Association, con sede en Londres –institución que imparte capacitación en materia de criminalidad financiera y combate el lavado de capitales–, sostiene que las organizaciones criminales utilizan iglesias con representación en varios países de Latinoamérica para el lavado de dinero.

De acuerdo con este especialista, las agrupaciones religiosas acuden a un banco para depositar fuertes sumas en efectivo que dicen haber recibido de sus fieles; luego el dinero es transferido a otro banco y finalmente a otro, fuera de su país de origen, principalmente en instituciones ubicadas en paraísos fiscales.

Aunque Buscaglia no descarta que se utilicen las estructuras religiosas para lavar dinero, considera que las organizaciones criminales las usan para granjearse el favor de la gente, y de esta manera garantizar su propia seguridad.

Explica: "La situación de penetración es con fines típicos que todo grupo criminal tiene para poder protegerse socialmente en determinadas áreas. A veces lo hacen a través de la Iglesia católica y en otras ocasiones utilizan a las asociaciones evangélicas, protestantes. En Centroamérica se valen de las bautistas y evangélicas".

Detalla que los grupos criminales promueven su protección social mediante la construcción de iglesias y de infraestructura religiosa, y asimismo por medio del financiamiento de actos religiosos. En ese sentido, sostiene, las iglesias no buscan lavarles dinero a los grupos criminales. Protegerse socialmente y obtener legitimidad social, ese es el *modus operandi* de los grupos criminales.

Destaca que la delincuencia organizada "tiene que ser vista cercana a los valores religiosos de las poblaciones en donde los grupos mafiosos buscan protección... Éstos pretenden que con sus actos el pueblo les dé su beneplácito".

El investigador enfatiza que esa relación "es un factor de penetración muy importante para que los grupos criminales cuenten con protección social. Ésta es tan importante como la protección política. No se puede entender hoy cómo El *Chapo* se protege si no se entiende el ángulo social de esa cobertura que tiene una faceta religiosa.

"Las construcciones, las actividades que la familia realiza en los templos, ese tipo de cosas implican realmente un lavado patrimonial que no es de gran envergadura, pero que adquiere relevancia para explicar los niveles de protección social de los que gozan los cárteles en México y en otros países."

Mediante su trabajo, el experto se ha percatado de que los cárteles establecen centros productivos en lugares donde pueden realizar sus actividades de manera abierta y notoria. "Para ello necesitan dos cosas: la protección política por parte de los gobernadores de estas provincias y la protección social, que implica que la población no los denuncie, no los expulse. ¡No todo se logra con amenazas ni con asesinatos! Por lo tanto, sí han penetrado las iglesias, no solamente las evangélicas sino también la católica en estas regiones", puntualiza.

Diversificación

Mediante sus pesquisas Buscaglia pudo constatar cómo tres iglesias evangélicas –además de la del Nuevo Milenio– han sido penetradas patrimonialmente por el cártel de Sinaloa. Aunque revela la zona donde se ubican, solicita que no se mencione el sitio exacto donde se encuentran, por razones de seguridad.

"Son tres iglesias evangélicas... En poblaciones en donde no estaban acostumbrados a este tipo de presencia hoy se observan amplias presencias productivas y patrimoniales de cárteles mexicanos en esa región, que el gobierno argentino no está combatiendo. El gobierno está permitiendo activamente la presencia de esos grupos y eso significa que también existen indicios de penetración política."

Agrega que el siguiente paso es la penetración patrimonial en el sector privado, sobre todo en las empresas farmacéuticas. Incluso recuerda que en Argentina ya se han presentado en fechas recientes varios homicidios de empresarios de este ramo.

–¿La razón por la que los cárteles mexicanos se están trasladando a Argentina se debe a la persecución del gobierno, a que buscan lugares más seguros o países más facilitadores?

–La expansión de los cárteles mexicanos a 52 países muestra sin lugar a dudas mayor fortaleza patrimonial. México ha sido su base de corrupción, de poderío político que les ha permitido expandirse a otros países. Ellos, cuando incrementan su riqueza tratan de diversificar sus posiciones para minimizar riesgos.

"No eligen cualquier país; por ejemplo, no se van a Chile o a Colombia a establecer sus bases productivas; acuden a lugares donde hay más impunidad, como Argentina. En este momento –explica– ese país tiene índices muy altos de impunidad en donde causas ligadas a grupos criminales prescriben, no se les tipifica como delincuencia organizada; amplios sectores políticos están siendo penetrados por grupos criminales y por eso la presencia del cártel de Sinaloa en Argentina no es casual. Ellos buscan paraísos patrimoniales, como México y Argentina."

Buscaglia destaca el trabajo de Paraguay y de Brasil para frenar la presencia de cárteles de la droga. "Ahí no hay surgimiento como hongos de bases productivas; sí se observan en Argentina, donde la impunidad es mayor y, por lo tanto, la vinculación con iglesias responde a intereses productivos, patrimoniales y políticos de los grupos criminales".

Advierte a las iglesias que deben ser muy cuidadosas para no dejarse capturar mediante la treta de la obra social proveniente del narco: "Porque si bien uno argumenta que las iglesias no están activamente buscando ese canal de lavado patrimonial, también es cierto que muchos actores de las iglesias y de la Iglesia católica se hacen de la vista gorda. Fingen que no se percatan de esa búsqueda de legitimidad social por parte de las mafias mexicanas. La Iglesia tiene que ser mucho más activa en impedirlo, pero es algo que no se observa en Latinoamérica ni en México".

Y añade: "Las iglesias son bastante cómodas y aceptadoras de la infiltración delincuencial y eso hace que desde el punto de vista pasivo también sean sujetas a acusaciones de corrupción. Aunque se trata de corrupción pasiva, es corrupción al fin".

9 de mayo de 2010

Arizona, acceso libre

J. Jesús Esquivel

DOUGLAS-NOGALES.- "La bodega de mariguana más grande del mundo", denominan agentes federales de Estados Unidos y de México al estado de Arizona. El motivo: por esta región se introduce la droga que posteriormente se distribuye en los 50 estados del país.

De acuerdo con reportes obtenidos por este semanario, esa descomunal concentración de droga sólo se explica por el hecho de que las agencias policiacas locales están corrompidas por cárteles del narcotráfico.

El 22 de abril el periódico *Eastern Arizona Courier* publicó un artículo en el que le atribuye a Tony Coulson, agente de la Drug Enforcement Administration (DEA) en el estado, declaraciones según las cuales diariamente se realizan ahí transacciones de droga procedente de México por 2 millones de dólares. El dato refleja la dimensión del problema y lo redituable que le resulta ese negocio en particular al cártel de Sinaloa.

"Es increíble, pero por la frontera de Arizona pasa casi toda la mariguana que se consume aquí; o por lo menos eso indican las estadísticas oficiales", comenta a **Proceso** un agente federal estadunidense mientras acompaña al reportero en un recorrido por las ciudades hermanas de Nogales: la de Arizona y la de Sonora.

El entrevistado pide que se omita su nombre para no entorpecer, dice, una indagatoria que se realiza actualmente sobre la corrupción en los cuerpos policiacos locales y su implicación con el narcotráfico. Esta investigación se abrió hace varios meses e involucra también a los integrantes de la organización de los Beltrán Leyva.

Sin embargo, alerta: "Si pasa tanta droga es porque algo anda mal en este estado o quizá porque las autoridades locales son ineficientes para contener ese tráfico".

En junio de 2009, funcionarios y agentes de la DEA y del Buró Federal de Investigaciones comentaron a este corresponsal que los cárteles mexicanos operan en la zona desde hace muchos años. En Arizona están casi todos: los Beltrán Leyva, el cártel de Juárez, *La Familia Michoacana*, *Los Zetas* y la organización de *El Chapo* Guzmán (**Proceso** 1704).

El mismo informante declaró en aquella ocasión que "su agencia tiene abiertas decenas de investigaciones sobre las operaciones de los cárteles mexicanos en esta región".

Otro de los entrevistados comentó que desde hace tres años la gente del cártel de Sinaloa desbancó de esa plaza a los hermanos Beltrán Leyva, sus antiguos aliados.

Arizona comparte 626 kilómetros de frontera con México y es por esta franja limítrofe –"la puerta verde", le dicen algunas personas en Agua Prieta, Sonora– por donde entran diariamente varias cargas de mariguana a Estados Unidos.

"¿Dónde está la DEA? Aquí, en Arizona, no está. Si estuviera, no habría tanta droga en el estado", declaró Phil Gordon, alcalde de Phoenix, a la cadena de televisión Fox el pasado 23 de abril.

Las estadísticas de confiscación de estupefacientes proporcionadas a **Proceso** por el Buró de Aduanas y Patrulla Fronteriza (CBP, por sus siglas en inglés) confirman por qué Arizona es llamada la "bodega de mariguana más grande del mundo" y por qué la frontera que comparte con Baja California y Sonora es "la puerta verde".

En el primer bimestre de este año, por ejemplo, la Patrulla Fronteriza de Estados Unidos incautó 168 mil 328 kilos de la yerba en el sector Tucson; otros 7 mil 246 en la zona Douglas-Agua Prieta; 3 mil 132 en el sector de Naco, y mil 575 kilos en el de Willcox.

"Y éstas son sólo cifras de la mariguana confiscada; seguramente los cargamentos que logran pasar son mucho mayores", comenta un funcionario adscrito a la oficina de la CBP en Tucson.

De acuerdo con las estadísticas del CBP, durante 2009 sus agentes decomisaron 43 mil 571 kilos de cannabis en Douglas, 21 mil 64 en Naco, y 11 mil 178 en Willcox. El año previo interceptaron 13 mil 780 kilos en Douglas, 9 mil 126 en Naco y 8 mil 295 en Willcox.

La mayoría de la mercancía interceptada de 2008 a la fecha se realizó en cuatro ciudades de Arizona: Phoenix, Tucson, Mesa y Glendale, así como en el desierto que se localiza entre las montañas de Chiricahua y Huachuca, poblaciones adyacentes al estado de Sonora.

"La plaza de la distribución de mariguana en Arizona está dominada por la gente de *El Chapo* (Joaquín Guzmán Loera)", afirma a **Proceso** un agente federal mexicano en Nogales, Sonora.

Los medios de comunicación, en especial los periódicos de las ciudades fronterizas de Arizona, publican cotidianamente notas sobre los cargamentos decomisados al cártel de Sinaloa en la región desértica de Agua Prieta y Nogales.

El 19 de abril último, el diario *Willcox Range News* informó en su página electrónica que "agentes locales de la Patrulla Fronteriza confiscaron casi 439 kilos de mariguana, cuyo valor en el mercado asciende a 441 millones de dólares".

Entre las montañas de Chiricahua y Huachuca hay una inhóspita franja desértica de unos 100 kilómetros de largo. Autoridades fronterizas de ambos países comentan al corresponsal que por este punto se introduce a Estados Unidos gran parte de la mariguana que se distribuye y consume en su territorio.

De manera coincidente ahí se concentra la mayoría de los "ranchos ganaderos" de Arizona, cuyos terrenos son utilizados por los cárteles de la droga y los traficantes de indocumentados, aseguran los entrevistados.

"Lo raro de esos ranchos ganaderos es que en ellos no hay vacas, sino puro desierto. Son extensas propiedades privadas colindantes con el estado de Sonora y que a la vista sólo tienen arbustos, cactus, arena. ¿Extraño, no?", comenta a **Proceso** el agente federal que acompaña al corresponsal en el recorrido.

Ranchos "ganaderos" sin ganado

Para conocer los "ranchos ganaderos" el reportero contrató un guía que lo condujo por la carretera interestatal número 10, que atraviesa la ciudad de Douglas y el condado de Apache. Y, como dijo el funcionario estadunidense, en ese entorno agreste no se observa ningún animal.

Consultadas al respecto, autoridades de los condados de Apache y Cochise se niegan a hablar del asunto.

El 27 de marzo pasado el ranchero Robert Krentz fue asesinado en el interior de su propiedad. La extensión sobrepasa los 141 kilómetros cuadrados y se ubica al este de las montañas de Chiricahua, entre el condado de Apache y la ciudad de Douglas, colindante con territorio mexicano.

El sheriff de Cochise, Larry Dever, comentó al día siguiente que, según las pesquisas iniciales, el ranchero había muerto a causa de un disparo hecho por un indocumentado de origen mexicano.

La muerte de Krentz molestó a las autoridades de Arizona y a la Asociación de Rancheros local, cuyos integrantes se lanzaron contra los inmigrantes. Los calificaron de criminales y los acusaron de estar ligados al tráfico de drogas.

La gobernadora de Arizona, la republicana Jan Brewer, pidió incluso a la administración de Barack Obama que desplegara a la Guardia Nacional a lo largo de la frontera con México; además, el senador estatal, el también republicano Russell Pearce, redactó una iniciativa de ley para proponer que la policía de Arizona tuviera facultades para detener a cualquier persona que por su aspecto físico resultara "sospechosa de ser inmigrante indocumentado".

Semanas después de la muerte de Krentz, el 23 de abril, la gobernadora Brewer avaló la propuesta de Pearce y promulgó la Ley SB 1070. Las autoridades de Cochise aún no esclarecen el caso del ranchero Krentz, aunque insisten en que fue un inmigrante indocumentado quien le dio muerte.

Los medios locales manejan una versión diferente: Los hermanos Robert y Phil Krentz permitían que los narcotraficantes mexicanos utilizaran sus terrenos para el trasiego de la droga, pero tuvieron diferencias por el cobro que recibían y Phil disparó contra su hermano, según esa interpretación.

Lo extraño del caso es que un día antes del asesinato de Robert, agentes de la Patrulla Fronteriza de Tucson encontraron en su propiedad 131.5 kilos de mariguana en pacas. La noticia sólo fue publicada por *The Arizona Daily* el 29 de marzo, dos días después de ese crimen.

Robert Boatright, subdirector de la CBP en Tucson, informó a los medios de comunicación que tras el hallazgo de la mercancía en el rancho de Krentz se rastrearon "unas huellas humanas" y se logró capturar a ocho inmigrantes indocumentados. Sin embargo, horas después se les deslindó del caso por falta de evidencias.

"En Arizona hay mucha corrupción por narcotráfico. Que no lo quieran admitir las autoridades de Estados Unidos es otra cosa", subraya un agente federal mexicano consultado en Nogales.

La red de Cochise

El 29 de enero las autoridades del condado de Cochise anunciaron el desmantelamiento de una "red" de aliados del narcotráfico mexicano en el poblado de Bisbee. En conferencia de prensa, las autoridades los responsabilizaron de traficar por lo menos 18 mil 143 kilos de mariguana durante tres años.

Entre los detenidos estaban Angélica Borquez e Ignacio Erives, a quienes se acusó de proporcionar información confidencial al cártel de Sinaloa sobre los operativos antinarcóticos en el condado de Cochise entre noviembre de 2008 y enero de 2010. Borquez trabajaba en la oficina del fiscal del condado, informó a los medios locales la vocera del sheriff, Carol Capas.

"Centro de distribución"

Por su ubicación geográfica, Arizona es la joya de la corona en el trasiego de narcóticos. ¿La razón?: además de compartir frontera con México, esa entidad colinda con Utah, Nevada, Nuevo México, California y Colorado.

"La mayoría de la mariguana que entra a Arizona no se consume en el estado; Arizona es una especie de centro de distribución hacia casi todo el territorio de Estados Unidos", dice un funcionario de la CBP consultado por **Proceso**.

Desde México los operadores del cártel de Sinaloa utilizan varios métodos para introducir la droga a territorio estadunidense a través de Arizona, dicen al corresponsal funcionarios de ambos lados de la frontera.

Un agente federal mexicano describe el *modus operandi*: "La mariguana entra por el desierto en cargamentos pequeños. Los inmigrantes indocumentados sólo piden ayuda para llevar la mercancía a ciudades como Tucson, camuflada en camiones de carga o en las cajuelas de autos privados; en lomos de caballo, y hasta en aviones superligeros".

–¿En aviones superligeros? –pregunta el reportero.

–Sí, por supuesto. Apenas el 4 de marzo el Ejército Mexicano descubrió tres aviones superligeros en Agua Prieta. Dos de ellos en óptimas condiciones y otro que estaba en reparación.

El pasado 29 de enero, *The Sierra Vista Herald* publicó en su primera plana un artículo sobre la confiscación de dos caballos por parte de la Patrulla Fronteriza en Douglas. Los animales transportaban un cargamento de 71 kilos de mariguana. Las personas que guiaban los caballos huyeron hacia Agua Prieta.

El corresponsal acudió a la oficina regional de la DEA en Phoenix para solicitar información sobre el narcotráfico y la forma en que las autoridades locales lo combaten. Ningún funcionario quiso abordar el tema de manera abierta.

Sólo el funcionario de la CBP en Tucson comentó al corresponsal que una dependencia del gobierno federal tiene bajo investigación a todo el departamento de policía de Bisbee, "por su presunta colaboración con el cártel de Sinaloa para introducir a territorio estadunidense mariguana y otras drogas".

El protegido

14 *de febrero de* 2010

La guerra no llega a Sinaloa

Álvaro Delgado

C una de los más prominentes narcotraficantes de México, como Joaquín *El Chapo* Guzmán, Sinaloa padece una crisis peor que la de Chihuahua porque, debido a la negligencia del gobierno de Felipe Calderón, se ha consolidado ya como "el modelo de la narcopolítica" en el país, acusa el diputado federal por el PAN Manuel Clouthier Carrillo.

"Somos la avanzada de este mugrero que se vive ya en México", define el hijo de quien fue candidato presidencial del Partido Acción Nacional (PAN) en 1988, Manuel de Jesús Clouthier, y asegura que el contubernio de los políticos con el crimen organizado en Sinaloa, que denomina "el narcopoder", comienza a "clonarse" en otros estados.

La razón: La guerra que Calderón declaró al narcotráfico, al inicio de su gestión, no existe en la entidad. Al contrario, asegura, el régimen calderonista protege al cártel de Sinaloa, que encabeza *El Chapo* Guzmán, fugitivo desde los primeros meses del sexenio de Vicente Fox.

"El gobierno federal habla de una guerra contra el narcotráfico que en Sinaloa no se ha visto. Se ha golpeado a todos los cárteles y no ha sido proporcional con el de Sinaloa. ¡Eso es evidente! ¡Y si nos preguntan a los sinaloenses, es más evidente!", exclama.

Pero además, asevera, el gobierno de Calderón hace negocios en Sinaloa promovidos por la administración estatal, como la multimillonaria compra de terrenos –para un desarrollo turístico– propiedad del exgobernador Antonio Toledo Corro, en cuyo sexenio se inició el auge del narcotráfico.

"Son cosas muy extrañas", comenta.

Tras advertir que existe el riesgo de que en las próximas elecciones gane un candidato a gobernador que sea plenamente un narcotraficante, cuando de acuerdo con las encuestas más recientes el PRI tiene una ventaja de dos a uno frente al PAN, Clouthier sentencia que en Sinaloa se está llegando "a un punto de no retorno".

Y explica: "El punto de no retorno será cuando el costo de combatir al crimen organizado y a la corrupción que genera sea más alto que el costo de tenerlo. Y cuando el costo de combatirlo sea más alto que el costo de tenerlo, nadie le va a entrar".

Harto de promesas incumplidas y de la arrogancia gubernamental, el diputado federal responsabiliza directamente al presidente Felipe Calderón de no atacar la narcopolítica en Sinaloa –en la cual incluye al gobernador priista Jesús Aguilar Padilla–, y anticipa:

"Eso significa que nos va a costar a los sinaloenses generaciones enteras, porque un cabrón irresponsable –y digo irresponsable porque es su responsabilidad– no tuvo el tamaño de hacer lo que le correspondía por mandato."

Ni con el pétalo de una rosa

En entrevista la mañana del 11 de febrero, en su departamento de la colonia Condesa de la Ciudad de México, Clouthier insiste con vehemencia en su reclamo a Calderón por no atacar al narcotráfico en Sinaloa y sospecha que ello se debe no sólo a ineptitud y negligencia sino a "otro tipo de arreglos":

"A mí que no me platiquen. Yo entiendo que en Michoacán esté tomando acciones, es su tierra; pero la mía es Sinaloa, ese es mi México. ¡Es el México que a mí me interesa que se transforme! ¡A mí no me importa que esté combatiendo en Michoacán! A mí me importa que haga su tarea en Sinaloa. Y eso es lo que reclamo. ¡Pero resulta que a Sinaloa no la han tocado ni con el pétalo de una rosa! Y la pregunta es ¿por qué?"

–¿Por qué?

–Para mí hay varias posibilidades: una, que Sinaloa sea intocable, efectivamente, en materia de crimen organizado; y esto significaría entonces que hay otro tipo de arreglos en esa lógica, porque no creo, me resisto a creer, que el Estado no tenga la fuerza para combatir y ganar la batalla contra el crimen organizado. Eso sería tanto como decir que no sólo en Sinaloa habremos cruzado el punto de no retorno, sino que el país ya también se chingó.

–¿Es una estrategia deliberada?

–¡Claro! ¿Qué puede ser? Primero, que Sinaloa es intocable. Lo segundo sería que, dada la colusión real que existe de narcopolítica en Sinaloa con lo que llamo la camarilla mafiosa en el poder –y que no es un término propagandístico ni electorero, sino un término descriptivo real, o sea una pequeña camarilla que se ha incrustado en el poder aliada con el crimen organizado– nos está cociendo desde el poder.

Para ilustrar este cocimiento, Clouthier hace una analogía: Dice que si se lanza una rana a una olla hirviendo, el animal salta y, aunque se quema, logra salvarse. Pero si la rana se introduce a la olla en agua fría y ésta se va calentando poco a poco hasta hervir, la rana nunca saltará para salirse y terminará por cocerse.

"A eso me refiero cuando digo que a los sinaloenses nos están cociendo desde el poder: La corrupción de la sociedad sinaloense está siendo promovida desde el poder, y nos están corrompiendo precisamente con el ánimo de irnos preparando para que nuestros gobernantes ya no sean los políticos de antes ni los narcopolíticos de ahora, sino, finalmente, miembros directos del narcotráfico."

Según él, "hay un convenio entre la camarilla mafiosa y el crimen organizado desde hace al menos 10 años, y tiene ese objetivo".

Explica: "No se dio el brinco de un político a un narcotraficante, sino que se necesitaba un paso de transición que fuera permitiendo al sinaloense acostumbrarse a tratar con la gente desprestigiada, vinculada con el narcotráfico en el poder, y eso es lo que se ha venido haciendo en el sexenio de hoy".

Por eso, añade, no es fortuita la ejecución del secretario de Turismo del gobierno estatal, Antonio Ibarra Salgado, el 22 de diciembre de 2009. "Todos sabíamos de los vínculos de este señor con el crimen organizado. Pero no es el único que (con esos vínculos) está en este gobierno".

A mediados de enero pasado, el legislador generó un escándalo al declarar públicamente que a Sinaloa lo gobierna una "camarilla mafiosa", en la que inscribió al alcalde de Culiacán, Jesús Vizcarra, a quien llamó "mafioso, autoritario y acomplejado".

Y es que en Sinaloa, sostiene, está en auge la narcopolítica y se proyecta que el narcotráfico gobierne. "Todo el mundo sabemos que esto está siendo promovido desde el poder estatal".

–¿Y el poder federal?

–Ese es mi cuestionamiento, y ese es el reclamo que le estoy haciendo a Felipe Calderón. Él tiene una obligación de gobierno, ¡de gobierno, no de cara a un proceso electoral! ¡Ha sido omiso en tres años en relación a Sinaloa! Eso lo cuestiono y lo reclamo como sinaloense y como mexicano.

Negocios con Toledo Corro

Invitado en 2009 por Germán Martínez a ser candidato a diputado plurinominal por el PAN, Clouthier no ha reactivado su militancia en ese partido desde que, en 1994, renunció a él y se retiró de la vida política para dirigir el periódico El Noroeste, del que, afirma, ahora sólo es accionista minoritario.

Pero actualmente ha tomado además la determinación de no inscribirse para contender por la candidatura del PAN al gobierno estatal, porque no está de acuerdo con las decisiones que se han emitido en ese partido "desde el centro".

Y al respecto evalúa: En el PAN "traen un verdadero desmadre que han creado en Sinaloa de cara al proceso electoral. Desde los más altos niveles nos quieren decir a los sinaloenses cómo hacer las cosas. Y, con todo respeto, lo primero que tendrían que hacer es preguntar".

Eso ocurre, también, con el gobierno de Calderón, como lo atestiguó en una reunión con Genaro García Luna, secretario de Seguridad Pública federal. "Le escuché decir que en Sinaloa no existe el crimen organizado sin base social. Volteé yo y le dije: 'Disculpe, señor, no existe crimen organizado sin apoyo institucional'".

Por eso, precisa, "cuestiono la estrategia de Calderón en el combate al crimen organizado. Se ha concentrado en la parte policial, pero sostengo que debe ser una estrategia integral atacando cuatro vertientes, no sólo una: las otras tres son combate a la corrupción, reforma educativa y reforma económica".

Como Calderón, Vicente Fox es asimismo responsable del desastre actual: "No ha habido, en los gobiernos panistas, un combate férreo contra la corrupción, una corrupción que le da sustento institucional al crimen organizado. Otra vez: no hay crimen organizado sin apoyo institucional".

En los casi 10 años de gobiernos panistas, reprocha, no se ha impulsado una verdadera reforma educativa para, por la vía cultural, educar al nuevo mexicano que construirá el nuevo México; ni una reforma económica real, con un sello distinto y distinguible, para que este país sea atractivo y confiable para la inversión productiva.

Esto, dice Clouthier alzando la voz, "¡lo grito porque nos están convirtiendo en el excusado del país, y vamos a perder generaciones enteras!"

Al hijo del que fue candidato del PAN a la Presidencia de la República le parecen extraños los negocios que el gobierno de Calderón hace con el exgobernador Toledo Corro, a quien el gobierno federal le compró 2 mil hectáreas para establecer un desarrollo turístico instrumentado por el Fondo Nacional de Fomento al Turismo. El monto de la operación fue de mil 203 millones de pesos.

Considera que este hecho "es muy emblemático y sospechoso. ¿No había otros terrenos en Sinaloa, además del de don Antonio Toledo Corro? ¿Cuál es el mensaje que se está mandando al sinaloense o a la comunidad mexicana? Para mí eso es extrañísimo. No estoy cuestionando que el gobierno federal haga inversiones en Sinaloa, pero ¿qué tipo de arreglos hay ahí, qué cosas extrañas están sucediendo? No tengo respuestas. Tengo preguntas que me veo obligado a formular públicamente".

–¿Usted se lo ha dicho a Calderón o lo ha buscado para decírselo?

–Yo he tratado de buscar primero los cauces institucionales para el diálogo; he pretendido afanosamente establecer el diálogo con las instancias correctas… Ha sido difícil conseguir hasta una pinche cita.

Por eso estima que en el PAN, como partido y como gobierno, existe mucha arrogancia, no sólo al hablar de una colusión social con el crimen organizado, sino también porque, desde el centro, "nos quieren decir cómo hacer las cosas sin habernos preguntado ni pedirnos un diagnóstico". Esa soberbia llega al punto de que "la mano de Felipe Calderón en el PAN, en una serie de situaciones en relación a los procesos electorales, también está dictando acciones divorciadas de la realidad de las regiones".

El títere y el titiritero

La charla con Clouthier se desarrolla un día después de la renuncia al PAN de Fernando Gómez Mont, secretario de Gobernación, cuando el presidente Calderón, acompañado de éste, visitaba justamente la localidad que se ha convertido en el emblema del fracaso de su estrategia antinarco: Ciudad Juárez, Chihuahua.

Sin embargo, Clouthier Carrillo aclara que su estado natal está peor que Chihuahua: "Puedo hablar con los pelos en la mano y me pongo enfrente con el que quieras. Sinaloa va adelante. Sinaloa es el modelo de narcopolítica que está permeando en el resto de los estados y que ha sido tomado para clonarse. Es el que va de avanzada; por eso es tan importante pegarle a Sinaloa".

–O no pegarle…

–Bueno, nomás que yo vuelvo a insistir: dirigir es educar, y, segundo: el que tiene mayor autoridad tiene mayor responsabilidad.

–¿Es ineludible la que tiene Calderón?

–Es el presidente de la República.

–¿Lo ha decepcionado?

–No es un asunto de decepciones, es un asunto de reclamo. Yo como mexicano y como sinaloense reclamo, exijo y lo grito: ¡No se vale que nos estén destinando a los sinaloenses a perder generaciones enteras!

–¿Se refiere a Vizcarra?

–Yo estoy hablando más que claro. Los nombres pónganlos ustedes. Todo Sinaloa lo entiende.

Por eso, aunque él no contenderá por la candidatura del PAN al gobierno estatal, apoya una alianza que, inclusive, pudiera postular al senador priista Mario López Valdez, vinculado al exgobernador Juan S. Millán, enfrentado con el actual mandatario.

"Mario López Valdez es un buen hombre. Al menos eso creo hasta ahorita, pero yo sostengo que tiene que dar pruebas de su amor por los sinaloenses en al menos dos sentidos: Mario tiene que deslindarse del PRI y tiene que deslindarse del titiritero, porque, si no, quedará como títere."

–¿Quién es el titiritero?

–Juan Sigfrido Millán. Por eso la gente quiere ver que su líder sea líder, no títere. Porque si es títere, mejor hablo con el titiritero. Mario tiene que demostrar que, cuando le agarren ahí, trae algo, y no como Fox, que no traía nada. De él depende. Que dé señas de que tiene vida propia y de que no es un títere.

27 de enero de 2008

Su fuerza, incólume

Ricardo Ravelo

L a célula del narcotráfico integrada por los hermanos Marcos Arturo, Héctor, Mario, Carlos y Alfredo Beltrán Leyva es una de las más viejas en el negocio de las drogas: Emergió a la luz pública entre finales de los ochenta y principios de los noventa, cuando Amado Carrillo Fuentes se convirtió en el jefe del cártel de Juárez tras el asesinato de Rafael Aguilar Guajardo, crimen que se le atribuyó al llamado *Señor de los Cielos*.

Los Beltrán Leyva han desplegado todo su poder económico y armado en el país. Y es tan fuerte el respaldo policiaco de que disponen, que el subprocurador de Asuntos Jurídicos e Internacionales de la PGR, José Luis Santiago Vasconcelos, hizo público que un grupo de sicarios bajo el mando de los Beltrán planeó ejecutarlo.

Este subprocurador, quien ha investigado la evolución de todos los cárteles en la última década, difundió el plan criminal para asesinarlo, y el 24 de enero el propio secretario de Seguridad Pública, Genaro García Luna, especificó que quienes pretendían eliminar a Vasconcelos eran cinco sicarios detenidos el 18 de diciembre en el Distrito Federal, quienes tenían apoyo de algunos miembros de la policía capitalina.

Los sicarios, que pertenecen a la célula de los Beltrán Leyva, son: Carlos Gerardo Acosta, José Édgar Flores Rivera, Armando González Guzmán, Elpidio Huerta y José Luis Delgado. Los tres primeros fueron identificados como elementos de la Policía Federal Preventiva, Judicial del Distrito Federal y Agencia Federal de Investigación (AFI), respectivamente.

García Luna identificó a quienes pretendieron atentar contra Vasconcelos: "Son comandos de la parte estructural, del esquema de los Beltrán Leyva, en particular del Pacífico…".

La historia del clan

Originarios de Sinaloa –la mejor escuela del narco en toda la historia del crimen organizado en México–, los Beltrán Leyva se mantuvieron durante varios años como un ala importante del cártel de Juárez. Tras la muerte de Carrillo Fuentes decidieron operar por su cuenta, aunque por aquellos años ya tenían nexos con Joaquín El Chapo Guzmán, quien a la postre se convirtió en su jefe.

Tras la fuga de El Chapo –el pasado 19 de enero se cumplieron siete años de su huida del penal de Puente Grande, Jalisco– los hermanos Beltrán Leyva se asociaron con Guzmán Loera. Había más de una razón para que el jefe del cártel de Sinaloa los acogiera: los Beltrán lo habían introducido al negocio de las drogas después de que Guzmán se peleó con Miguel Ángel Félix Gallardo –el capo mexicano más audaz de las décadas recientes–, de quien había sido lugarteniente.

Este dato salió a flote luego de que la PGR detuvo e introdujo a su programa de testigos protegidos a Marcelo Peña (cuñado de Guzmán Loera), cuya clave como testigo es Julio. Él contó, entre otras historias, que los Beltrán iniciaron a El Chapo en el negocio de las drogas.

Y durante la reclusión de Joaquín Guzmán, tanto en el penal de Almoloya de Juárez (hoy Altiplano) como en Puente Grande, los

Beltrán se hicieron cargo de suministrarle dinero y todo lo que necesitaba para vivir cómodamente en las prisiones de máxima seguridad, la segunda irónicamente llamada "puerta grande".

Tras la fuga de El Chapo los hermanos Beltrán se reposicionaron en el negocio del tráfico de drogas: durante el sexenio de Vicente Fox alcanzaron tanto poder que lograron dominar 11 estados de la República, aunque sus principales feudos fueron Sinaloa y Guerrero.

Según documentos de la PGR, los Beltrán dirigen operaciones de transporte de droga, lavado de dinero, compra de protección y reclutamiento de sicarios.

De lo anterior da cuenta la averiguación PGR/UEIDCS/021/2005, así como las causas penales 82/2001 y 125/2001, las cuales establecen que Marcos Arturo Beltrán Leyva, El Barbas; Héctor Alfredo, El H; Mario Alberto, El General; y Carlos –todos ellos supuestamente perseguidos dentro y fuera del país– se mantuvieron durante largos periodos en la impunidad, protegidos por policías, militares y funcionarios de primer nivel del gobierno de Vicente Fox. Con base en esa protección los Beltrán crecieron en forma fulgurante como empresarios del narco, lo cual le permitió a su socio, El Chapo, convertirse en el capo más poderoso de los últimos siete años.

Tanto los informes de la SSP como los expedientes citados indican que el radio de acción de este clan tiene presencia en el Distrito Federal desde hace por lo menos una década. Otros territorios bajo sus dominios son el Estado de México, Sonora, Guerrero, Chiapas, Querétaro, Sinaloa, Jalisco, Quintana Roo, Tamaulipas y Nuevo León.

Los mismos informes señalan que, además de sus actividades de narcotráfico, los Beltrán son dueños de un equipo de futbol de salón en Culiacán, al cual patrocinan; tienen residencias de lujo en Acapulco y casas de descanso –y de seguridad para realizar negociaciones y acuerdos con políticos– en Valle de Bravo, Estado de México. De acuerdo con un organigrama elaborado por la PGR, el líder de la banda es El Barbas, Marcos Arturo Beltrán Leyva.

Ninguno de los hermanos había estado en prisión. Se habían mantenido impunes hasta que un grupo especial del Ejército Mexicano detuvo, el pasado 21 de enero a Alfredo Beltrán en una zona residencial de Culiacán, Sinaloa.

Sobre la captura de este personaje –golpe que fue visto como una arremetida inusual contra el cártel de Sinaloa– surgieron al menos dos versiones: que los Beltrán habrían enfrentado un rompimiento con *El Chapo* por diferencias de negocios y que los efectos alcanzaron a la Secretaría de Seguridad Pública, encabezada por Genaro García Luna, quien ha sido señalado públicamente (y en la indagatoria arriba citada) como presunto protector de los hermanos Beltrán.

Entre los miembros del cártel de Sinaloa, el más sólido hasta antes de la captura de Alfredo Beltrán, no sólo hay sociedad en el negocio del narcotráfico; también existen líneas de parentesco. El 27 de junio de 2001 el testigo *Julio* declaró ante la PGR:

"Arturo Beltrán Leyva es primo lejano de *El Chapo*, a quien inició en el negocio de la cocaína, ya que me lo dijo Beltrán una vez que fui a pedir dinero por parte de *El Chapo* a la ciudad de Querétaro (refugio de los Beltrán), esto fue por 1995 o 1996."

Agregó en su testimonio: "Sé que esta persona (Arturo Beltrán) es muy ostentosa y que tiene una casa en Acapulco, porque *El Chapo* me mandó una vez a visitarlo, citándome en una casa que tiene en el fraccionamiento Las Brisas…"

Otro socio de los Beltrán, Juan José Esparragoza Moreno, *El Azul*, de acuerdo con el testimonio rendido ante la PGR por Albino Quintero, también está ligado familiarmente con los Beltrán. En la causa penal 26/2006, página 62, Quintero cuenta: "Respecto de Juan José Esparragoza Moreno, lo conocí en Querétaro en una casa propiedad de mi compadre Arturo Beltrán Leyva". Más adelante dice que un familiar de Esparragoza está casado con una sobrina de Arturo Beltrán.

De Badiraguato vienen

Los hermanos Beltrán Leyva, quienes –ahora se sabe– tienen varios años afincados en zonas residenciales del Distrito Federal, como San Ángel, entre otros sitios lujosos, son originarios de Temeapa, municipio de Badiraguato, Sinaloa.

En esta tierra, cuna del narco mexicano, nacieron *El Chapo* Guzmán, los hermanos Rafael y Miguel Ángel Caro Quintero, así como José Ramón y Diego Laija Serrano.

Según el oficio CI/C4/ZC/0340/05, del Centro Nacional de Planeación e Información de la PGR, el mayor de los hermanos Beltrán es Héctor Alfredo Beltrán, *El Mochomo* –recientemente detenido–, quien nació el 15 de febrero de 1951.

De acuerdo con sus antecedentes, era el encargado de trasladar cargamentos de droga a Monterrey, Nuevo León, donde su organización cuenta con enlaces, para luego introducirlos a Estados Unidos. La ficha de la PGR añade: "Se caracteriza por ser una persona violenta y contar con un férreo control de los grupos menores de narcotraficantes en la ciudad de Culiacán, Sinaloa."

El *Mochomo*, cuya detención festejó el embajador de Estados Unidos en México, Tony Garza, tenía abierta una averiguación previa (la número 2984/2002) en la delegación de la PGR en Los Mochis, Sinaloa, "por siembra y tráfico de drogas".

La PGR también dispone de informes sobre las actividades de Marcos Arturo. Nació el 21 de septiembre de 1961, es considerado por la SIEDO como operador de Guzmán Loera en el Pacífico mexicano y tiene una orden de aprehensión girada por el Juzgado Cuarto de Distrito con sede en la Ciudad de México.

Sobre el otro hermano, Mario Alberto, la PGR sólo refiere en varias fichas que le dicen El *General*. Y acerca de Carlos Beltrán, la dependencia le atribuye el lavado de activos del grupo, al igual que Héctor, dedicado a la siembra de drogas. Los Beltrán Leyva están asociados también con Ismael Zambada García, El *Mayo*.

Después de la fuga de El *Chapo*, las fichas oficiales indican que todo el grupo participó en una reunión en Cuernavaca, Morelos, a la que asistieron Zambada García, Esparragoza y Arturo Beltrán. El encuentro fue para establecer acuerdos y reforzar la organización.

El golpe a la célula de los Beltrán se interpretó como una sacudida al cártel de Sinaloa. Pero el cártel de Sinaloa sigue firme como la organización criminal más poderosa de México, y su jefe, El *Chapo*, a quien la PGR ya no le reconoce fuerza ni liderazgo, continúa paseándose por el país, celebrando fiestas en restaurantes y divirtiéndose a sus anchas entre choques de copas y risas femeninas.

14 de febrero de 2010

Al amparo del panismo

Jorge Carrasco Araizaga

La discutida estrategia del gobierno de Felipe Calderón contra el narcotráfico se torna insostenible cuando de Joaquín *El Chapo* Guzmán Loera se trata.

Desde que se fugó del penal de Puente Grande, en Jalisco, el 19 de enero de 2001, el narcotraficante sinaloense transita a sus anchas por el país, al amparo de un gran aparato de protección. Es el prófugo más famoso de las presidencias panistas.

En cuanto burló la cárcel *El Chapo* se fue a la playa, en la costa de Michoacán. Habitantes del municipio de Aquila lo vieron en La Privada, un exclusivo club residencial localizado en una bahía de la costa central del Pacífico. En este lugar también buscaron refugio, en su momento, Amado Carrillo Fuentes, *El Señor de los Cielos*, y Javier Arellano Félix, *El Tigrillo*.

"Cuando estaba la noticia en la televisión (sobre la fuga de *El Chapo*), por acá había una presencia inusual de militares y de policías en los alrededores", relataron habitantes de la región a **Proceso** (edición especial 25, *El México narco, segunda parte*).

En esa zona de la costa michoacana se localiza El Tamarindillo, otra privilegiada bahía de la que el expresidente Vicente Fox y su esposa, Marta Sahagún, pretenden adueñarse y que no ha sido ajena al trasiego de cocaína (**Proceso** 1694).

Semanas después de que Fox asumió la Presidencia *El Chapo* se le fugó al responsable de los penales de máxima seguridad, el entonces subsecretario de seguridad Pública Jorge Tello Peón, actual secretario ejecutivo del Sistema Nacional de Seguridad Pública. Desde el inicio de su gestión, Calderón tuvo a Tello como su asesor externo y a partir de 2008 lo incorporó formalmente en la Presidencia. Desde marzo de 2009 lo integró a su gabinete.

Identificado como "el capo del panismo", *El Chapo* no sólo se mueve en lugares públicos sino que aparece en el sitio 701 en la lista anual en la que la revista estadunidense *Forbes* enumera a los hombres más ricos del mundo.

En su edición del 7 de enero pasado, el semanario británico *The Economist* atribuye a un alto funcionario mexicano declaraciones en las que explica por qué las acciones contra el cártel de Sinaloa no han resultado eficaces. El declarante, cuyo nombre omite la publicación, aseguró que a diferencia de otros grupos criminales que se limitan al narcotráfico y a las luchas por plazas y territorios, *El Chapo* lidera una organización que opera a escala trasnacional.

Además, según la fuente, Guzmán Loera controla en México un territorio de más de 24 mil kilómetros cuadrados por lo que, precisó, para desarticular a su cártel se requeriría de una fuerza superior a los 100 mil soldados.

La fama y visibilidad de *El Chapo* la han utilizado en su contra sus enemigos en el mundo del narcotráfico. El pasado 11 de febrero, por ejemplo, en despliegue perfectamente coordinado, *Los Zetas* colocaron 44 mantas en 26 ciudades de siete estados del país en las que reclaman al gobierno de Calderón su protección al jefe del cártel de Sinaloa.

Este grupo paramilitar, integrado por desertores de cuerpos de élite del Ejército y que desde finales de 2008 se escindió del cártel del Golfo, colocó las mantas en entidades donde tiene presencia: Nuevo León, Sinaloa, Tamaulipas, Coahuila, Veracruz, Tabasco y Quintana Roo.

Los mensajes responsabilizan a *El Chapo* de las recientes matanzas de jóvenes en Torreón, Coahuila, y Ciudad Juárez, Chihuahua.

A diferencia de la narcopropaganda dirigida a autoridades o a cárteles enemigos, en esta ocasión las mantas se presentaron como "una carta a la ciudadanía".

Según *Los Zetas*, las órdenes de las masacres salieron de Durango y Culiacán. Además, acusan al gobierno de Calderón de arremeter sólo contra los narcotraficantes enemigos del capo sinaloense.

Textual, el mensaje dice:

"¡Esta carta es para la ciudadanía! Para que se den cuenta o para los que ya tienen conocimiento que el gobierno federal proteje al Chapo Guzmán y su jente, que son los culpables de la masacre de gente inocente que hicieron en Torreón.

"Para el gobierno federal sólo hay Z en el país y cárteles que son enemigos del Chapo, que es el... protejido de los panistas desde que Vicente Fox entró al poder, y lo soltó y todavía sigue el compromiso hasta la fecha, a pesar de las masacres... que hacen con gente inocente.

"¿que es eso de matar gente inocente en las discotecas? ¿la pregunta es porque lo hacen? porque no se pueden defender. Por que... no pelean con nosotros, de frente a frente invitamos al gobierno federal que atake a todos los carteles por igual hasta su protejido y que matan.

"Gobierno en Durango y Culiacán que es de donde vienen las ordenes para hacer esas barbaridades como sucedió en Cd Juares y Torreón."

Las mantas aparecieron en diversos municipios de Nuevo León. Una de ellas fue colocada en una de las bardas de la catedral de Monterrey. Otras en camellones y puentes peatonales de Guadalupe, Escobedo, Santa Catarina, San Nicolás y Cadereyta.

En Sinaloa, territorio natural de *El Chapo*, se informó de 11 mantas en Mazatlán y Los Mochis, incluso en los periódicos de ambas ciudades.

En Tamaulipas, zona del cártel del Golfo, se encontraron ocho narcomantas en puentes de importantes cruceros de Reynosa, Nuevo Laredo y Valle Hermoso. Una más fue localizada en Torreón, Coahuila.

En Veracruz, nueve, en la zona del puerto y Boca del Río; en Tabasco, cinco en avenidas de Villahermosa, Balancán, Tenosique, Comalcalco y Emiliano Zapata, y en Quintana Roo, cuatro en Cancún y Playa del Carmen.

La PGR anunció la apertura de actas circunstanciadas por la colocación de la narcopropaganda.

23 de mayo de 2010

Una lucha amañada

Jorge Carrasco Araizaga

L as cifras oficiales lo confirman: La organización que codirige Joaquín *El Chapo* Guzmán, la más importante del
narcotráfico en México, ha sido la menos perjudicada en
la guerra contra los cárteles de la droga del gobierno de
Felipe Calderón.

La insistencia en México de que la organización de *El Chapo* ha
gozado de la protección de los gobiernos del PAN se convirtió la
semana pasada en certeza en Estados Unidos, cuando la radio pública de ese país dio a conocer una investigación de cuatro meses
que confirmó el sesgo de Calderón en su confrontación con las
bandas del narcotráfico.

Durante tres días, de martes a jueves, en coincidencia con la visita de Estado de Calderón a Washington, la National Public Radio (NPR) difundió el reportaje "La guerra de México contra las drogas: ¿una lucha amañada?", en el que echa por tierra la defensa de Calderón en el sentido de que su política afecta por igual a todas las organizaciones de narcotraficantes.

No fue el único trabajo periodístico que amargó la visita del presidente mexicano. A la NPR –emisora que se sostiene fundamentalmente mediante contribuciones del auditorio y de fundaciones, y que transmite desde Washington a todo el territorio estadunidense a través de alrededor de 800 estaciones, con millones de escuchas– se sumó una publicación del influyente periódico *The New York Times*.

El pasado 17 de mayo, un día antes de la llegada de Calderón a Estados Unidos, el diario lo señaló como el responsable de la liberación de la exesposa de *El Chapo*, Griselda López Pérez, detenida durante unas horas el 12 de mayo.

Apoyado en fuentes oficiales no identificadas, el diario publicó que Calderón "jugó un papel la semana pasada en la rápida liberación de la esposa de uno de los más importantes narcotraficantes en México, debido a la preocupación de que la detención podría provocar una serie de represalias".

En su edición número 1750, del 16 de mayo de 2010, **Proceso** describió el operativo de las fuerzas federales para detener a Griselda López Pérez en Culiacán y presentarla esposada y encapuchada ante la Unidad de Lavado de Dinero de la Subprocuraduría de Investigación Especializada en Delincuencia Organizada (SIEDO) de la Procuraduría General de la República (PGR).

Testigos de los hechos dijeron a este semanario que la liberación de Griselda se produjo después de una llamada telefónica desde Los Pinos. Y la PGR informó de su detención al día siguiente de realizada, cuando la exesposa de *El Chapo*, liberada, ya estaba de regreso en Sinaloa.

La PGR nunca precisó que se trataba de una investigación por lavado de dinero. Los testigos añadieron que el propósito de la operación era mantener bajo arraigo a la exmujer de Guzmán Loera como presunta responsable del uso de recursos de procedencia ilícita.

Como sea, las reiteradas críticas en México a Calderón ante la alegada protección al cártel de Sinaloa llevaron a la radiodifusora estadunidense a emprender su investigación. "En México mucho se habla de que el gobierno de Calderón protege a *El Chapo*. Conscientes de que la prensa de Estados Unidos no había averiguado ese tema, en NPR decidimos hacer la investigación", cuenta en entrevista John Burnett, corresponsal de ese medio en Austin, Texas.

"En Estados Unidos es muy raro que se hable de esa protección. La imagen que prevalece es la de que el presidente de México está dando una lucha fuerte contra todos los grupos del narcotráfico, pero nuestra investigación dio resultados diferentes", añade.

Clara tendencia

Junto con la productora Marisa Peñaloza, Burnett se trasladó a Ciudad Juárez, a la que define como "la zona cero" de la guerra antinarco de Calderón. También estuvieron en el Distrito Federal y ampliaron la cobertura a El Paso, Texas, y a Washington.

Los periodistas no se quedaron sólo con los testimonios judiciales, policiacos, de legisladores, víctimas de la violencia en Juárez y expertos en México y Estados Unidos que hablaron sobre la protección del gobierno mexicano a *El Chapo* y a su organización.

Para comprobar ese señalamiento, decidieron revisar los boletines de prensa difundidos por la PGR entre el 1 de diciembre de 2006 y el 28 de abril de 2010 con el propósito de identificar, a partir de la información oficial, la manera en que ha actuado Calderón contra los cárteles.

En total revisaron 4 mil comunicados, en los que se mencionan 2 mil 604 nombres de personas identificadas por la PGR como miembros de alguna organización de narcotraficantes. La información se refiere a detenidos y procesados por delitos relacionados con la droga, la portación de arma prohibida y la delincuencia organizada.

La cifra abarca detenciones, autos de formal prisión, órdenes de aprehensión, arraigos y sentencias de que ha informado la PGR.

Los resultados no dejan lugar a dudas. El cártel de Sinaloa, señalado por el Departamento de Justicia estadunidense como una de las organizaciones delictivas más grandes del mundo, ha sido poco tocado por el gobierno de Calderón. De 2 mil 604 detenidos y procesados por la PGR, sólo 303, es decir, 11.64%, pertenecen al grupo de *El Chapo*.

"No decimos que ese es el total de detenidos en toda la República Mexicana. Pero nuestros datos sí muestran una tendencia muy clara de la manera en que se está dando la guerra contra los cárteles de la droga en México", dice Burnett.

De acuerdo con los datos procesados por la NPR, las organizaciones más combatidas han sido el cártel del Golfo y *Los Zetas*. Asociados hasta 2008, ambos grupos tuvieron en el periodo analizado el mayor número de detenidos: mil 140, 43.78% del total.

Sigue *La Familia Michoacana*, con 405, 15.55%. Después, el cártel de los Beltrán Leyva –dividido desde la ejecución de su líder Arturo Beltrán Leyva a manos de la Marina, en diciembre pasado– tiene en los registros de la PGR 329 detenidos.

Debajo del cártel sinaloense sólo están el de Tijuana, con 294 detenidos (11.29%); el de Juárez, con 122 (4.69%), y el del *Milenio* o de los Valencia, con 11 (0.42%).

Esas cifras, obtenidas a partir de la información gubernamental, en nada se parecen a los datos proporcionados por el propio Calderón el 24 de febrero de este año para responder a las críticas que le hizo el diputado federal del PAN por Sinaloa, Manuel Clouthier, quien lo acusó de negligente para atacar al narcotráfico en ese estado (**Proceso** 1737) y que fue entrevistado por los periodistas estadunidenses.

Calderón expresó que las acusaciones de que su gobierno favorece al cártel de Sinaloa "son totalmente infundadas y falsas". Subrayó: "Mi gobierno ni protege ni escuda ni tolera a ningún grupo de narcotraficantes, se llamen como se llamen". Fue cuando dio sus cifras y colocó al cártel de *El Chapo* como uno de los más golpeados por su gobierno, con detenciones como las de Jesús Zambada García, hermano de *El Mayo* Zambada; de Vicente Zambada Niebla, hijo del socio de *El Chapo*, y de Alfredo Beltrán Leyva, cuando formaba parte del cártel de Sinaloa.

Aseguró que de las 72 mil personas detenidas por delitos contra la salud durante su administración, 27% corresponde al cártel del Golfo y *Los Zetas*, 24% al cártel del Pacífico (Sinaloa), 17% al de los hermanos Carrillo Fuentes (Juárez), 14% al de los hermanos Beltrán Leyva, 13% al de los Arellano Félix y 5% a *La Familia Michoacana* y a los Valencia-*Milenio*.

Ese mismo 17 de mayo Gobernación emitió un comunicado con las mismas cifras para afirmar que, en la administración de Calderón, "todas las organizaciones delictivas han sido atacadas en sus estructuras de manera proporcional a su tamaño".

En su revisión los periodistas de la NPR encontraron que de los 72 mil detenidos referidos por Calderón, sólo 3.6% –los 2 mil 604–

han sido relacionados por la PGR con algún cártel en calidad de miembros.

La corrupción

De acuerdo con la información oficial procesada por la radio estadunidense, ha sido el cártel de Sinaloa el que ha mostrado mayor capacidad para corromper a funcionarios federales.

Entre diciembre de 2006 y abril de 2010, 403 funcionarios públicos federales, policías ministeriales estatales y policías municipales fueron detenidos por su colaboración con los cárteles del narcotráfico.

La mayoría han sido policías municipales. Pero, de un total de 19, se contaron 14 funcionarios federales y militares que fueron corrompidos por el cártel de Sinaloa.

"El patrón es claro: todos los cárteles infiltran agencias estatales y locales, pero en el caso de los sinaloenses y los Beltrán Leyva, antiguos aliados, es más probable que paguen a militares y a funcionarios federales de alto nivel", señala el reporte de la NPR que escucharon millones de estadunidenses.

Entre esos casos destaca el de los funcionarios de la PGR y de la Secretaría de Seguridad Pública detenidos en la Operación Limpieza a finales de 2008, que fueron comprados por el cártel de Sinaloa y los hermanos Beltrán Leyva, cuando operaban juntos.

En contraste, de 10 casos de corrupción por parte del cártel de Juárez, nueve de ellos fueron funcionarios municipales.

John Burnett amplía los datos. Dice que en total registraron 54 casos de corrupción de funcionarios federales y militares. De ellos, 34 fueron por colaborar con los Beltrán Leyva y el cártel de Sinaloa cuando actuaban juntos, y 20 correspondieron a los entonces socios cártel del Golfo y *Los Zetas*.

Los contrastes a favor de *El Chapo* son más significativos cuando se trata de Chihuahua. Desde marzo de 2008, cuando Calderón ordenó el despliegue de 8 mil soldados como parte del Operativo Conjunto Chihuahua (Occh), la información de la PGR analizada menciona sólo 16 detenciones de miembros del cártel de Sinaloa. En el caso del cártel de Juárez, 88. Incluso, en diferentes boletines cuatro personas se mencionan como pertenecientes a ambos grupos.

Los testimonios recogidos por los periodistas estadunidenses señalan la "colusión entre el Ejército Mexicano y la mafia de Sinaloa en Juárez". Lo corroboraron con un testimonio jurado de dos jefes del cártel sinaloense ante una corte federal de Estados Unidos en El Paso, Texas, en marzo pasado.

Uno de ellos fue el expolicía de Juárez Manuel Fierro Méndez, quien declaró que entregaba información de inteligencia sobre *La Línea* –una red del cártel de Juárez– a un capitán del Ejército para favorecer a los sinaloenses. En el mismo juicio, el agente de la DEA Matthew Sandberg señaló que el contacto de Fierro Méndez y el Ejército era un capitán identificado como *La Pantera*.

El asesinato de 15 jóvenes en la colonia Villas de Salvárcar, el 30 de enero pasado, obligó al repliegue del Ejército ante la inconformidad social por su inoperancia para controlar la violencia. Los militares fueron sustituidos por 5 mil elementos de la Policía Federal en la llamada estrategia Todos Somos Juárez, que reemplazó al Occh.

Pero a un mes de haberse establecido en Ciudad Juárez, un comando de *La Línea* emboscó y asesinó a seis policías federales. Al adjudicarse la acción, ese grupo señaló que se trataba de una represalia por la protección que se brinda a El *Chapo* Guzmán, quien comanda el cártel de Sinaloa junto con Ismael El *Mayo* Zambada, Ignacio *Nacho* Coronel y Juan José Esparragoza, El *Azul*.

La opacidad

Ante la disparidad de las cifras, los periodistas intentaron entrevistarse con autoridades mexicanas para contrastar la información.

Entre el 8 de marzo y el 6 de mayo buscaron a diferentes autoridades de México y de Estados Unidos. Ninguna respondió.

Trataron inútilmente de entrevistar al titular de la PGR, Arturo Chávez Chávez; al jefe de la Policía Federal Ministerial, Wilfrido Robledo Madrid; al secretario ejecutivo del Sistema Nacional de Seguridad Pública, Jorge Tello Peón; al secretario técnico del Consejo de Seguridad Nacional, Monte Alejandro Rubido García, y al secretario de Seguridad Pública (SSP), Genaro García Luna.

En Ciudad Juárez buscaron al general Felipe de Jesús Espitia Hernández, comandante de la V Zona Militar, con sede en la capital de Chihuahua; y en Washington, al embajador Arturo Sarukhán.

Los periodistas estadunidenses entregaron los resultados de su investigación a la PGR. La única respuesta que tuvieron fue que sus datos estaban incompletos. Viviana Macías, subdirectora de prensa internacional de Comunicación Social de la PGR, les dijo, en un correo fechado el 6 de mayo, que tendrían que "revisar también los boletines de prensa de la SSP, Sedena, Marina y los boletines estatales, para tener un panorama más completo. Asimismo, las procuradurías de los estados también tienen información".

En su respuesta, Macías negó tener referencia sobre las cifras dadas a conocer por Calderón, y soslayó que los detenidos por las dependencias que mencionó son entregados a la PGR, a la que la Constitución le asigna la función de procurar y administrar la justicia en los casos de delitos federales.

La investigación de la NPR no sólo llamó la atención de los radioescuchas sino que provocó el interés de los oficiales de la administración de Obama encargados de las políticas públicas hacia América Latina.

El presidente de la Comisión Estatal de Derechos Humanos de Sinaloa (CEDHS), Juan José Ríos Estavillo, informó a **Proceso** que el 14 de mayo personal del organismo tramitó "una serie de denuncias por presuntas violaciones a los derechos humanos" cometidas en el operativo policiaco-militar en el que se detuvo a Griselda López Pérez, exesposa de *El Chapo*.

El ómbudsman sinaloense explicó que por los testimonios de López Pérez y de su hija Grisell, quien es menor de edad, se trata de "una posible afectación a nivel emocional llevada a cabo por autoridades presuntamente federales", hechos que, desde su punto de vista, ameritan una investigación, porque hay elementos para solicitar informes" de las autoridades involucradas, la Secretaría de la Defensa Nacional (Sedena), la Secretaría de Marina (Semar) y la SIEDO.

La denuncia de hechos, aclaró Ríos Estavillo, fue remitida el 15 de mayo a la Comisión Nacional de Derechos Humanos, que envió a personal de la Segunda Visitaduría a Culiacán el 17 de mayo para recabar la ratificación de la denuncia formulada por López Pérez ante la CEDHS.

15 *de marzo de* 2009

Dos sexenios de gloria

Ricardo Ravelo

Intocado por los gobiernos federales panistas, en particular por el de Vicente Fox, en cuya gestión incluso escapó del penal de máxima seguridad de Puente Grande, Jalisco, Joaquín Guzmán Loera, El *Chapo*, encabeza hoy la más poderosa organización de tráfico de drogas en el país, con amplias redes en Sudamérica, Centroamérica y Estados Unidos.

En una entrevista concedida a **Proceso** en febrero de 2005, el entonces presidente de la Comisión Nacional de Seguridad Pública de la Confederación Patronal de la República Mexicana, José Antonio Ortega Sánchez, lo calificó como "el narcotraficante del sexenio" pues, afirmó, "es evidente que hay una protección (al capo), porque la PGR siempre llega tarde cuando tiene información de dónde se encuentra. Pereciera que es el narcotraficante protegido por las autoridades que tienen la obligación de detenerlo" (**Proceso** 1476).

Ahora, el reporte más reciente de la revista Forbes incluye al capo mexicano en su lista de millonarios con una fortuna de mil millones de dólares. No es la primera vez, sin embargo, que un narcotraficante es incluido en la célebre lista. En 1989, esa publicación estadunidense incluyó al narco colombiano Pablo Escobar Gaviria.

Para Edgardo Buscaglia, profesor de derecho y economía de la Universidad de Columbia e investigador del Instituto Tecnológico Autónomo de México, el reporte de Forbes sobre la fortuna de El Chapo no tiene una metodología confiable.

–Según su percepción, ¿cuál es el sentido de incluir a un capo de la droga en la lista de los hombres más ricos del mundo? –se le pregunta al también consejero del Instituto de Investigación y Formación de las Naciones Unidas.

–La publicación de Forbes es relevante como golpe mediático, pero pienso que las agencias de inteligencia de Estados Unidos están enviando señales muy claras al presidente Felipe Calderón de que debe emprender una investigación seria contra el cártel de Sinaloa y desmantelar la red de testaferros que están detrás del capital que mueve este grupo criminal. Los estadunidenses quieren que se canalicen las investigaciones patrimoniales en ambos lados de la frontera.

El investigador explica que la percepción en Estados Unidos sobre México es "grave y preocupante", pues el dinero del narco está vinculado a 78% de las actividades legales mexicanas; además, "el cártel de Sinaloa no sólo está afianzado en México, sino que ya se tienen registros serios de que está presente en 38 países. Por eso a México se le ve como un peligroso exportador de violencia e ingobernabilidad". Y agrega:

"El Chapo Guzmán puede tener mil millones de dólares o mucho más, pero es complejo confirmarlo. No pude evitar la sorpresa ante la falta de soporte del informe de Forbes, pero insisto: se trata de un golpe mediático. Existen estimaciones sobre los montos que lava el narcotráfico, pero hasta ahora no se ha podido acreditar a cuánto ascienden realmente esas ganancias.

"Para calcular esos valores necesitamos una investigación del mapa patrimonial y criminal en los sectores económicos de estos 38 países, algo que no se ha hecho de manera integral", afirma.

–Entonces, ¿el fondo de la publicación de *Forbes* es un mensaje con presión política?

–El mensaje es claro: El gobierno mexicano debe destruir toda la red protectora que seguramente maneja el dinero del cártel de Sinaloa, en la que puede haber políticos y empresarios; deben romperse esas redes patrimoniales intocadas por las buenas o por las malas porque, de no hacerse, podría sobrevenir un golpe político brutal para Calderón si fuera de México se hacen públicos los nombres de las empresas y de los personajes ligados al cártel de Sinaloa.

Buscaglia señala que el reporte de Forbes carece de veracidad porque a El *Chapo* Guzmán nada más se le están cuantificando las supuestas ganancias por el tráfico de drogas y no lo que presuntamente obtiene de ingresos por las 25 actividades delictivas que realizan los cárteles de la droga: tráfico de personas, piratería, trata de blancas, extorsión y secuestro, entre otras.

De lo que no duda es que en México el cártel de Sinaloa y El *Chapo* han vivido en la más plena de las impunidades, pues no se sienten acosados ni mucho menos perturbados por las acciones del gobierno mexicano; de ahí que toda la red patrimonial de Guzmán Loera, así como la impunidad de la que goza, son el principal soporte de su fortaleza y de su poder.

Los señalamientos de Buscaglia, quien ha estudiado el comportamiento de la delincuencia organizada en 84 países, entre ellos Afganistán, Kosovo, Colombia y Guatemala, encuentran eco en la realidad: desde que se fugó del penal de Puente Grande, Jalisco, el 19 de enero de 2001, Joaquín Guzmán Loera ha consolidado una de las empresas criminales más sólidas. El investigador calcula que su presencia podría abarcar hasta 50 países.

Los ocho años de regímenes panistas en México –de diciembre de 2001 a diciembre de 2009– han sido los más rentables desde el punto de vista criminal y financiero para Guzmán Loera, quien es considerado tanto por la Procuraduría General de la República (PGR) como por la Secretaría de Seguridad Pública federal como el capo más poderoso de México.

Ascenso al poder

Tan pronto se sintió libre la tarde del 19 de enero de 2001, El *Chapo* Guzmán se refugió con los hermanos Beltrán Leyva –actualmente sus acérrimos rivales– y recibió el respaldo de otra figura emblemática del narcotráfico: Ismael *El Mayo* Zambada.

Meses después de su fuga, Guzmán Loera fraguó uno de sus planes más ambiciosos para consolidar su proyecto narcoempresarial, el cual no estuvo exento de traiciones y muertes. Para lograrlo, el capo tuvo que romper sus viejos vínculos con el cártel de Juárez y con Vicente Carrillo Fuentes, jefe de esta organización con sede en Ciudad Juárez, Chihuahua.

Dicho plan se consolidó en la ciudad de Monterrey, según se asienta en una carta firmada por un lugarteniente de los hermanos Beltrán Leyva, la cual fue anexada a la averiguación previa PGR/ SIEDO/ UEIDCS/ 013 /2005 y que fue enviada a la Presidencia de la República en octubre de 2004.

En ese documento se revela que *El Chapo* Guzmán convocó a sus socios a una reunión de negocios en Monterrey, Nuevo León. Al encuentro acudieron Ismael Zambada García, *El Mayo*; Juan José Esparragoza Moreno, *El Azul*, así como Arturo Beltrán Leyva, *El Barbas*.

En una de sus partes medulares la carta asienta: "Hace aproximadamente tres meses, en la ciudad de Monterrey, Nuevo León, se realizó una junta entre diversos personajes, los cuales tienen relación con la delincuencia organizada... siendo el motivo de la señalada junta planear el crimen de Rodolfo Carrillo Fuentes (perpetrado en septiembre de 2004) y, una vez ejecutado éste, tratar de incriminar por ese homicidio a otro grupo contrario, el cual sería el grupo de *Los Zetas*, teniendo como objetivo estas acciones por una parte terminar con la hegemonía de la familia Carrillo Fuentes sobre este cártel u organización...".

Otros planes de Guzmán Loera consistían en exterminar a *Los Zetas* y declararle la guerra al cártel de Tijuana.

Todo ello se cumplió: fue ejecutado, en efecto, Rodolfo Carrillo, *El Niño de Oro*, emprendieron fuertes acometidas contra *Los Zetas* y según fuentes de inteligencia consultadas, la información que brindó *El Chapo* Guzmán a las autoridades federales "resultó clave" para detener a Benjamín Arellano Félix y así "descabezar" al grupo criminal más temible de la época.

De 2001 a la fecha *El Chapo* Guzmán no sólo ha consolidado al cártel de Sinaloa, su organización, como el más boyante del país, sino que no se le ha podido detener a pesar de que el titular de la PGR, Eduardo Medina Mora, y el de la Secretaría de Seguridad Pública federal, Genaro García Luna, han dicho que no se deja de perseguir al capo sinaloense.

Pese a tal persecución El Chapo Guzmán se pasea públicamente y, desde finales del sexenio de Vicente Fox existen referencias públicas de que incluso suele acudir a restaurantes de lujo en Jalisco, Sinaloa, Coahuila y Chihuahua, en donde al hacer acto de presencia los otros comensales son despojados de sus celulares para evitar que den aviso a la policía.

Por ejemplo, a mediados de 2006, las cámaras del sistema de seguridad de la ciudad de Durango detectaron a El Chapo Guzmán cuando conducía una cuatrimoto. Según el parte informativo de las autoridades municipales, el capo vestía ropa deportiva. En aquella ocasión se inició una persecución supuestamente para detenerlo, pero el narco se perdió entre el caos automovilístico.

Con todo, las imágenes obtenidas permitieron entonces a la PGR conocer el nuevo rostro del jefe del cártel de Sinaloa, pues se confirmó que se hizo una cirugía plástica que modificó su fisonomía: le recortaron las mejillas, le estiraron la piel y le desaparecieron las arrugas de los párpados.

La red sin fronteras

Aunque las autoridades mexicanas y las estadunidenses no han podido cuantificar las ganancias reales que obtienen los cárteles mexicanos, sí han identificado, del año 2000 a la fecha, parte de la estructura financiera que sirve a los intereses del narcotráfico a través de presuntas operaciones de lavado de dinero.

Durante ese lapso, el Departamento del Tesoro de Estados Unidos, por ejemplo, ha emitido varias alertas sobre poco más de mil personas que, según sus informes, radican en México y tienen vínculos con el narcotráfico.

Los informes del Departamento del Tesoro asientan igualmente que hay empresas, como Nueva Industria de Ganaderos de Culiacán SA de CV, propiedad de Ismael El Mayo Zambada –el principal socio de El Chapo Guzmán–, que actualmente son promocionadas por el gobierno federal y que durante el sexenio de Vicente Fox recibieron apoyo de la Secretaría de Economía a través del Programa de Fondo de Pequeñas y Medianas Empresas.

De acuerdo con el reporte de la Oficina de Control de Bienes Extranjeros (OFAC) del Departamento del Tesoro estadunidense, emitido en agosto de 2008, desde 2000 hasta mediados del año pasado el gobierno de ese país registró 121 empresas "que han servido de fachada para el lavado de dinero del narcotráfico".

El gobierno mexicano ha reiterado que esas versiones carecen de veracidad, pues no existen evidencias de que las empresas señaladas como parte de los "engranajes del lavado de dinero" estén implicadas en actividades ilícitas.

Según el informe de la OFAC, dichas compañías se dedican principalmente a la importación, exportación, consultoría, compraventa de divisas, servicios, minería y transporte, así como a los giros farmacéutico, inmobiliario y alimentario.

Datos consultados en la PGR sostienen que, de las 121 empresas así boletinadas, 48 pertenecen al cártel de Tijuana y 34 a la familia Arriola Márquez (afincada en Chihuahua y socia del cártel de Juárez), mientras que 25 más están relacionadas con El Mayo Zambada y familiares.

Mientras en México los golpes a la estructura financiera del cártel de Sinaloa no han sido contundentes, desde 2007 Estados Unidos puso el reflector sobre el principal socio de Joaquín Guzmán: Ismael Zambada García.

En ese año, y como producto de una investigación de 20 meses realizada con la DEA, el Departamento del Tesoro relacionó a seis empresas con las actividades de lavado de dinero de Zambada. Ellas son: Establo Puerto Rico, SA de CV, Jamaro Constructores SA de CV, Multiservicios Jeviz, SA de CV, Estancia Infantil Niño Feliz SC, Rosario Niebla Cardosa, A en P, así como Nueva Industria Ganadera de Culiacán.

La misma dependencia estadunidense identificó a la mexicana Margarita Cázares Salazar, La Emperatriz, como una de las piezas del cártel de Sinaloa dedicada al lavado de dinero. Más tarde tuvo que hacer lo propio la PGR.

Las investigaciones en Estados Unidos sobre este grupo criminal y su jefe, El Chapo, comenzaron a arrojar resultados y ya se cuenta incluso con nombres de personajes que forman parte de una compleja red financiera que opera en los dos países.

Con su poderío e influencia, Guzmán Loera vulneró los sistemas de control a través de una intrincada red de operaciones en casas de cambio e instituciones bancarias que le permitió adquirir 13 aviones para ponerlos al servicio de su organización en el tráfico de cocaína entre Colombia, Venezuela, Centroamérica, México y Estados Unidos.

Después de que el Departamento del Tesoro acreditó tales operaciones, a mediados de 2007 la PGR integró el expediente PGR/ SIEDO /

UEIORP /FAM /119 /2007, aún vigente, en el que se reveló que el cártel de Sinaloa compró los aviones a través de la Casa de Cambio Puebla.

De acuerdo con la indagatoria, esa institución financiera se valió de la triangulación de operaciones en las que participaron más de 70 particulares y empresas. Así, se hicieron transferencias por 12 millones 951 mil 785 dólares a 14 compañías estadunidenses que se dedican a la adquisición y aseguramiento de aeronaves.

Según la averiguación, el artífice de las triangulaciones fue Pedro Alfonso Alatorre Damy, *El Piri*, quien también se hacía llamar Pedro Barraza Urtusuástegui o Pedro Alatriste Dávalos, quien estuvo preso en 1998 por lavado de dinero, tras ser capturado al ponerse en marcha la Operación Milenio que puso al descubierto el cártel que manejaban Armando y Luis Valencia. Tras recuperar su libertad, *El Piri* regresó a sus andanzas y se involucró con las operaciones financieras del cártel de Sinaloa.

Por otra parte, el costo de la droga varía por su calidad y, lo más importante: por su transporte. Si es colocado un cargamento cerca de la frontera, tiene un costo más elevado que si se desembarca en un territorio diferente. Pero según los datos del libro *El negocio: la economía de México atrapada por el narcotráfico*, del periodista Carlos Loret de Mola (editorial Grijalbo, 2001), un kilo de mariguana, puesto en el mercado mayorista, cuesta mil dólares.

Sin embargo Loret estima en su investigación "que la cotización puede alcanzar hasta los 2 mil 500 dólares entre los distribuidores mayoristas, es decir, aquellos que compran grandes cantidades para luego venderlas al menudeo en las calles y barrios de la Unión Americana.

"Las condiciones del mercado para los agricultores de hoja de coca son parecidas: en Sudamérica el kilo de coca se compra en las zonas rurales en 2 mil 500 dólares, en tanto que entre distribuidores se comercia hasta en 45 mil.

"¿Y la heroína? Un gramo de esta sustancia, con muy bajo grado de pureza, se consigue en las calles mexicanas a un precio equivalente a 10 dólares, pero con sólo cruzar la frontera puede llegar a 318 dólares."

Por su parte Edgardo Buscaglia dice que para saber cuánto ganan las mafias en el mundo hay que tener acceso a sus mapas patrimoniales. "En México debe hacerse esa investigación. Es básica para desmantelar las redes y para acabar con las complicidades que han hecho reinar al crimen organizado".

11 *de febrero de* 2007

El *ganón*

Ricardo Ravelo

La imagen más reciente que la Procuraduría General de la República (PGR) tiene de Joaquín Guzmán Loera es un retrato en el que el narcotraficante sinaloense luce más rejuvenecido, luego de una cirugía plástica a la que se sometió.

A finales del sexenio pasado al capo le recortaron las mejillas, le restiraron la piel y le desaparecieron las arrugas. De cara al nuevo sexenio, *El Chapo* no sólo se quitó algunos años, también hizo a un lado a varios de sus rivales en el negocio de las drogas y se apresta a ser el narcotraficante más poderoso.

Luis Astorga, especialista en problemas de narcotráfico y seguridad nacional del Instituto de Investigaciones Sociales de la Universidad Nacional Autónoma de México, sostiene que el sinaloense encabeza "una coalición de bandas dedicadas al narcotráfico que, a diferencia de los miembros del cártel del Golfo, es más flexible y está menos burocratizada. Todas las piezas están aglutinadas alrededor de una figura que parece ser El Chapo Guzmán".

Autor de El siglo de las drogas, Astorga no tiene duda de que serán los sinaloenses –El Chapo o cualquier otro miembro de su coalición– los que pueden alcanzar el liderazgo en el tráfico de drogas durante el sexenio de Felipe Calderón, entre otras razones porque, dice, ese grupo de narcotraficantes no sólo es el más viejo en el negocio, sino porque sus integrantes son menos proclives a la violencia.

El investigador, que desde hace varios lustros ha estudiado la evolución de los cárteles mexicanos, considera que la llamada coalición de narcotraficantes es una sola estructura con muchas ramificaciones. De hecho, explica, ésta funciona mediante acuerdos básicos que privilegian el negocio de las drogas y sus integrantes se alinean con un liderazgo que, según la propia PGR, es Guzmán Loera.

Explica: "La diferencia entre los cárteles del Golfo y de Sinaloa es que en este último no hay confrontación. Se privilegia más la lógica del negocio que la de la pugna o las luchas internas. Para el gobierno resulta más fácil tratar con grupos abiertos a la negociación que con los beligerantes".

Lucha por la hegemonía

–¿Se modificó el mapa del narcotráfico con las extradiciones y con los operativos militares y policiacos –pregunta el reportero al investigador Astorga.

–Sí se modificó, en parte, porque la lucha del presidente Calderón es por recuperar el papel de árbitro que en el sexenio pasado perdió el Estado. El mensaje que manda al narcotráfico es muy claro: el sexenio de ausencia del Estado ya terminó y ahora viene el regreso del Estado como regulador del narcotráfico, que es una forma de contener la violencia.

"Con las extradiciones y los operativos se mueve el tinglado en el campo de las drogas. Los más golpeados, sin duda, pierden la posibilidad de confrontarse con la misma intensidad con sus rivales y con el Estado. Por eliminación, quien logre la hegemonía dentro del campo del narcotráfico tendrá que negociar y ponerse bajo las órdenes del Estado, ahora que con Calderón al frente busca convertirse en árbitro, en el regulador que se había perdido."

–¿Entonces el combate frontal contra el narcotráfico no va en serio con Calderón?

–Lo que tiene que quedar claro es que el negocio no se va acabar. Las extradiciones son simples válvulas de escape que el gobierno tiene para bajar la presión de la violencia. La matanza de Acapulco (en donde fueron ejecutadas siete personas el 6 de febrero) muestra que el gobierno todavía no está preparado para la reacción del crimen organizado, los operativos se muestran desprovistos de inteligencia. ¿Qué sigue? Los cárteles tienen tres opciones: dejar el negocio, confrontarse con el gobierno y negociar, y aceptar al Estado como árbitro.

"Las dos últimas son factibles, sobre todo porque dentro de la complejidad de las organizaciones criminales, donde se rompe la lógica, operan grupos que no están controlados y que están dispuestos, como pasó en Acapulco, a confrontarse. Esa postura radical es más bien característica del cártel del Golfo y de su grupo armado, *Los Zetas*."

–¿Percibe riesgos en esta lucha del Ejército contra el narcotráfico desorganizado?

–Hay uno muy grave: que el Ejército pierda a sus mejores hombres y que se reproduzca el fenómeno de *Los Zetas*, como pasó a principios de los noventa, cuando Osiel Cárdenas decidió incorporar el paramilitarismo en el negocio de las drogas. Eso sería muy lamentable. El riesgo está latente si se insiste en seguir utilizando a las Fuerzas Armadas para estas tareas policiacas.

Luis Astorga reconoce que Guzmán Loera, aunque golpeado, sigue manteniendo su liderazgo. "Yo no sé si convenga a su grupo que él siga al frente, pero parece ser una figura todavía con poder como cabeza hegemónica, pues Guzmán Loera tiene una larga carrera en el tráfico de drogas y una posición de liderazgo que no existía –dice– desde la muerte de Amado Carrillo Fuentes.

"Con las medidas implementadas por el presidente Felipe Calderón –añade– no sólo se limpia al país de la competencia que estorba a los sinaloenses, sino que todo indica que se les abre el camino para ser los beneficiarios de la política antidrogas del gobierno federal."

–¿Por qué?

–Insisto: son los más viejos en el negocio. Sus miembros vienen trabajando desde hace varios sexenios y en el campo del narcotráfico no parece haber quién tenga flexibilidad para alcanzar acuerdos. Para el Estado, retomar el papel de árbitro llevará todo el sexenio y sentar nuevas bases seguramente unos 20 años.

La extradición de los capos y los operativos contra el narcotráfico implantados por el gobierno de Calderón provocaron un fuerte impacto en el organigrama del narcotráfico en México: Fueron debilitados los cárteles de Tijuana y del Golfo con las extradiciones de sus principales cabecillas, no así el de Sinaloa, cuyo jefe, El Chapo, es de nueva cuenta el narcotraficante con mayor libertad que opera en el país al no enfrentar ninguna competencia en el tráfico de drogas.

Después de fugarse del penal de Puente Grande, Jalisco, el 19 de enero de 2001, de Guzmán Loera poco se sabe, aunque se convirtió en un personaje mítico. Existen múltiples historias sobre sus andanzas, sus mujeres y sus negocios. Durante la administración de Vicente Fox, la PGR desplegó al menos tres operativos especiales para capturarlo, pero no pudo detener al capo que la propia PGR, en voz de José Luis Santiago Vasconcelos, calificó como "el más inteligente" que opera en México.

En el diván

En su libro *Máxima seguridad: Almoloya y Puente Grande*, el periodista Julio Scherer García es quien traza el retrato más nítido de Guzmán Loera. Lo hace a partir de las palabras de Zulema Hernández, una de las amantes del sinaloense, y de las cartas de amor que ella recibía con frecuencia en vísperas de la fuga del capo.

Las palabras de Zulema brotan, en la entrevista con Scherer, como ráfagas y van pintando el atribulado mundo interior del jefe del cártel de Sinaloa. Scherer también pone al descubierto lo que llama "el veneno de la corrupción" que corrió en Puente Grande durante el encarcelamiento de El Chapo.

Narra el fundador de **Proceso**:

"... Durante el confinamiento de Joaquín El Chapo Guzmán, el veneno de la corrupción hizo de Puente Grande carroña vil. Millonario hasta la inconciencia, el narco asesino desquició el penal. Mujeres jóvenes y no tan jóvenes se adentraban en los dormitorios con la naturalidad de un cliente de burdel. El terror acompañó a la pudrición. Menudearon las golpizas y los insurrectos en los llamados 'cuartos agitados'. Aún se ven las huellas de dolor en las paredes cubiertas por hule espuma mal lavado. A los renuentes también se les castigaba con la supresión de la visita familiar y del encuentro carnal. Del terror se encargaban nueve atletas sin alma. Los negros se llamaban, fúnebre su estampa...

"El *Chapo* Guzmán atendía a su esposa y a su amante, Zulema Hernández, interna con otras cinco mujeres en una prisión para hombres. Al calce de sus iniciales con mayúscula, 'JGL', enviaba a Zulema cartas de amor redactadas por mano ajena. Le decía mi amor, negrita, mi vida. 'Me usaba, placentero' –sonríe Zulema..."

De la historia del capo existen pocos documentos que, como los que muestra Scherer, profundicen en el lado humano del narcotraficante, un factor que no se incluye en los expedientes criminales.

En 1995, poco después de ser capturado en Guatemala acusado del asesinato del cardenal Juan Jesús Posadas Ocampo, Guzmán Loera fue encerrado en el entonces penal de Almoloya de Juárez. En la prisión, El *Chapo* fue sometido a terapia psicológica y a estudios rigurosos para conocer su pensamiento y medir su peligrosidad. Los psicólogos del penal ahondaron en una parte de las oscuras cavidades mentales del capo. El diagnóstico, que forma parte del expediente al que este semanario tuvo acceso, expone:

"Guzmán Loera Joaquín. Psicología. Diagnóstico inicial: comportamiento antisocial del adulto con fecha 15 de diciembre de 1995... Se instauró tratamiento. Su respuesta al encuadre fue favorable. Se le han otorgado sesenta y tres sesiones de asistencia psicológica en su modalidad individual. En el área de conductas especiales se percibe incremento a su tolerancia a la frustración (y) capacidad de demora. Aprendizaje de la experiencia y control de impulsos sugeridos.

"... Denota apertura para hablar sobre su núcleo familiar secundario e interés por modificar si fuera necesario su forma de actuar. Experimenta responsabilidad por los hijos procreados con diferentes parejas. Se (ha ido) fortaleciendo su capacidad de introspección y discernimiento, además de intervenir en el mantenimiento de su estabilidad emocional. Conforme a las experiencias de vida que ha colectado a lo largo de sus años de reclusión, ha establecido proyectos de vida en los cuales se visualiza reorganizando su persona, familia y desarrollándose laboralmente en actividades agrícolas."

23 de octubre de 2011

Persecución electorera

Ricardo Ravelo y Patricia Dávila

Una serie de hechos, reportes de inteligencia y análisis de expertos coinciden en que los gobiernos tanto de México como de Estados Unidos tienen entre sus planes prioritarios la aprehensión de Joaquín Guzmán Loera, El Chapo, jefe del cártel de Sinaloa, pues los presidentes de ambos países apetecen ese manjar político-mediático que tendría dividendos electorales en 2012.

La captura del capo, uno de los más poderosos del mundo, se convirtió en un tema de "emergencia electoral" para los presidentes Felipe Calderón y Barack Obama, quien busca la reelección, mientras que aquél desea que su partido mantenga el poder, afirma el investigador del Instituto Tecnológico Autónomo de México y asesor de la ONU Edgardo Buscaglia.

Ambos mandatarios, según Buscaglia, cargan con fuertes sospechas de brindarle protección a El Chapo Guzmán y a los "brazos operativos de Sinaloa".

–¿Por qué existen tantas presiones políticas sobre los dos presidentes respecto de la figura de este narcotraficante? –se le pregunta al también profesor de la Universidad de Stanford.

–Obama enfrenta las presiones de los republicanos. Si bien el problema en Estados Unidos es económico, la figura de El Chapo perturba a Obama porque sobre su gobierno pesan fuertes sospechas de brindarle apoyo. Pesa mucho el caso Rápido y furioso y las armas que llegaron a las manos de Guzmán Loera; también pesa y mucho el cuestionamiento de que en Estados Unidos los capos mexicanos no son molestados.

"Este escenario hace posible que Obama esté empeñado en la captura de Guzmán Loera por cualquier vía: ya por una captura directa o mediante una entrega negociada, que no está descartada. Estados Unidos siempre juega dos cartas y así lo hizo con el jefe de Al Qaeda, Osama Bin Laden, de suerte que para Felipe Calderón el caso de la reelección de Obama le mete muchísima presión y casi lo obliga a tomar medidas contra Sinaloa, pues la presión internacional ya es fuerte y será peor conforme pasen los meses y se acerquen las elecciones presidenciales de México y de Estados Unidos."

En opinión del estudioso del fenómeno de la delincuencia organizada, cuando llegan momentos políticos tan sensibles como los que enfrentan Obama y Calderón, El Chapo deja de ser un caso de seguridad nacional y se convierte en un tema de campaña electoral. "Para Obama, El Chapo es el Osama Bin Laden no en el sentido de perturbación psicosocial, sino por la necesidad de asegurar la reelección y dar muestras de autolimpieza en su gobierno, lo que han puesto en duda los republicanos".

Y ante esta emergencia, explica, no se descarta que el gobierno de Estados Unidos ya busque a Guzmán para detenerlo o negociar su entrega ofreciéndole no tocar sus bienes y proteger su vida y la de su familia.

Variantes con un mismo objetivo

Con dominio en buena parte de América Latina y presencia en 48 países, el cártel de Sinaloa es la organización criminal más boyante en el continente y su afianzamiento se logró en 10 años, los mismos que lleva el PAN en el poder. Según Buscaglia, actualmente el gobierno de Estados Unidos considera a El *Chapo* Guzmán un delincuente tan peligroso para el mundo como lo fue Osama Bin Laden y eso explica que Washington ofrezca 5 millones de dólares por su cabeza.

Con base en la información que Buscaglia dice tener y en distintas fuentes consultadas en Estados Unidos, el investigador insiste en que el gobierno de Estados Unidos echó a andar su estrategia para localizar a El *Chapo* Guzmán, objetivo para el cual, dice, no se descarta que ya estén trabajando decenas de agentes de la CIA, el Pentágono y la DEA.

El equipo estaría trabajando con un plan que, según el consultor de la ONU, es propio de la justicia estadunidense: no golpear la estructura financiera del cártel de Sinaloa, ofrecerle a El *Chapo* garantías para poner a salvo sus capitales. Buscaglia dice que es de llamar la atención que el gobierno de Calderón combata a los grupos criminales que le estorban al de Sinaloa en sus planes de expansión.

El supuesto plan de Washington coincide con el reporte que emitió a principios de este año la consultora estadunidense Stratfor; ésta asegura que los gobiernos de México y Estados Unidos persiguen la consolidación del cártel de Sinaloa en el territorio mexicano.

Buscaglia añade: "El cártel de Sinaloa es más que El *Chapo*, más que El *Mayo* Zambada y más que El *Azul* Esparragoza. La caída de Guzmán Loera no significa nada para el grupo criminal, pero sería mucho para el gobierno de Felipe Calderón de cara a las elecciones presidenciales de 2012. El presidente está desesperado porque el país se le despedaza entre muertos y balaceras.

"Apoyando la estrategia de Obama, Calderón busca un poco de oxígeno político para su partido en 2012 y es claro que no tiene en lo inmediato otra estrategia más que seguir el camino de Vladimir Putin, quien como presidente de Rusia se sentó a negociar con los delincuentes y así prohijó un Estado mafioso."

–¿En qué beneficia a México seguir la estrategia de Rusia?

–Consolidar a un solo cártel, en este caso el de Sinaloa, según los asesores de Calderón, equivale a bajar los niveles de violencia. Seguramente lo logren, pero sería pan de hoy y hambre de mañana pues México se consolidaría también como un Estado mafioso donde los intereses de un solo cártel se mantienen a salvo.

Entre tanto, es un hecho que los estadunidenses operan con el apoyo del gobierno mexicano y están infiltrados en enclaves de inteligencia, empresas y en grupos de élite del Ejército y de la Policía Federal, en tanto que otros más están dispersos en Sinaloa, Chihuahua, Nuevo León, Chiapas, Sonora y el Distrito Federal, donde se mueve el líder del cártel de Sinaloa.

El factor político

A su vez, en entrevista con la reportera Patricia Dávila, el integrante del Centro de Investigaciones sobre América del Norte de la UNAM Raúl Benítez coincide en que sería de interés electoral una eventual captura de El *Chapo* Guzmán.

–¿Se ha privilegiado a El *Chapo*?

–Eso se dice, no me consta... ¡Qué tal si lo capturan en enero o febrero, de acuerdo con un calendario más político! Se dice que ya está desahuciado, que está transmitiendo muchos de sus poderes a El *Mayo* Zambada; El *Chapo* sabe que está rodeado por los servicios de inteligencia de Estados Unidos, que los aviones no tripulados están volando por toda la sierra de Durango, Chihuahua y Sinaloa; sabe que no puede salir del Triángulo Dorado. La última información que se le filtró a la prensa fue hace seis meses, cuando estuvo en Veracruz dos días.

Explica las implicaciones de una eventual detención del jefe sinaloense del narcotráfico: "Incluso se habla de que de acuerdo con un calendario político-electoral pudieran capturarlo o matarlo en enero o febrero de 2012. Pareciera que si se da un golpe mediático de esta naturaleza podría cambiar la imagen de la guerra contra los cárteles y parecería que el gobierno va ganándola.

"De esta manera beneficiará a algún candidato oficial en la contienda de 2012. Mantener la Presidencia no gravita al 100% en su captura, pero sí es uno de los factores para ganarla. Capturar a El *Chapo* no es una broma, es muy difícil, se dice que tiene un sistema de defensa fortificado con misiles antiaéreos, que si lo cercan helicópteros militares se los va a bajar y que la Fuerza Aérea no se atreve a eso, si fuera el caso."

–¿Qué sería necesario para detenerlo si la Fuerza Aérea no se atreve?

–Tendrían que aplicar una estrategia de fuerzas combinadas o algo así... he escuchado cuatro o cinco planes. Como está metido en la sierra, hasta un comando estadunidense puede entrar y sacarlo, pero sin que lo vean los mexicanos.

"Si es un trabajo por tierra, tiene que ser el Ejército el que entre, pero el traslado de El Chapo de un poblado a otro tiene que ser un operativo combinado de fuerzas de mar, tierra y aire. También se dice que hay seis bloques de búsqueda de El Chapo, como los que había con Pablo Escobar en Colombia: uno lo encabeza la Marina, dos el Ejército y dos la Policía Federal. Es lo que se dice.

"En una nota publicada en enero de 2010 por *The Economist* se afirma que el jefe del cártel de Sinaloa se refugia en un territorio serrano de unos 60 mil kilómetros cuadrados y que para capturarlo se necesitarían unos 100 mil soldados."

Hechos e indicios confirmatorios

Proceso confirmó con varias fuentes que una pieza clave para el objetivo mexicano-estadunidense en relación con El Chapo es Anthony Wayne, embajador en México y proclive a las negociaciones, característica que mostró en los más duros conflictos que trató a su paso por Afganistán.

Por lo demás, la supuesta protección desde Estados Unidos al cártel de Sinaloa y a sus principales operadores no es un señalamiento nuevo. Apenas en mayo de este año Vicente Zambada Niebla, *El Vicentillo*, hijo de Ismael *El Mayo* Zambada –principal aliado de Guzmán Loera–, reveló en aquel país que en 1998 se inició un plan de negociación con la DEA para brindarle protección al cártel de Sinaloa a cambio de que aportara información sobre otras organizaciones delictivas mexicanas.

Zambada Niebla fue capturado en el Distrito Federal y arraigado por lavado de dinero y tráfico de drogas. Luego fue extraditado a petición del gobierno estadunidense. En mayo de este año, en una declaración rendida ante una corte federal en Illinois, dijo que la DEA selló un "pacto de inmunidad" con el cártel de Sinaloa.

En su testimonio *El Vicentillo* expuso que el enlace entre la DEA y el Servicio de Inmigración y Control de Aduanas de Estados Unidos fue el narcotraficante Humberto Loya, quien –dijo Zambada Niebla– fue asesor y confidente de *El Mayo* y de *El Chapo*.

"Zambada Niebla fue parte de ese arreglo entre el gobierno de Estados Unidos a través de sus oficiales de la DEA, y el cártel de Sinaloa a través de Loya. El acusado proporcionó información que Loya transmitió al gobierno (de Estados Unidos)", se asienta en uno de los documentos presentados ante la corte federal por la defensa de Zambada Niebla.

A El *Vicentillo* se le acusa en Estados Unidos de conspiración y tráfico de drogas. Trabajaba para el cártel de Sinaloa, organización de la que su padre es socio. La PGR averiguó que operaba en el aeropuerto de la Ciudad de México con la protección de agentes federales, funcionarios de la SIEDO y agentes de la Interpol.

Con base en el llamado "pacto de inmunidad", Zambada Niebla afirma en otro de sus testimonios que el gobierno de Estados Unidos no puede juzgarlo y debe ponerlo en libertad porque ese pacto lo ampara "gracias a la valiosa información" que ofreció.

Mientras la DEA empezó a proteger al cártel de Sinaloa a partir de 2004 –según Zambada Niebla–, en México se comenzó a golpear a las organizaciones rivales de los sinaloenses.

Vicente Fox emprendió la lucha contra el narcotráfico con el programa México Seguro, que asestó duros golpes a los cárteles de Tijuana y del Golfo; pero 50 días después de que el guanajuatense tomó posesión de la Presidencia, El *Chapo* Guzmán se fugó del penal de Puente Grande, Jalisco. Y durante el sexenio foxista el cártel de Sinaloa expandió sus tentáculos en buena parte del territorio nacional.

Al arrancar el sexenio de Calderón, El *Chapo* Guzmán extendió sus redes hacia Centro y Sudamérica, y hay ejemplos de la impunidad que ha cobijado al capo sinaloense y a sus familiares: En mayo de este año, durante cateos en una zona residencial de Culiacán, Sinaloa –muchos de ellos señalados como refugios de El *Chapo*– fue detenida Griselda López Pérez, exesposa de Guzmán Loera y quien dijo llamarse Karla Pérez Rojo. Pero horas después fue dejada en libertad.

Desde 2009 Guzmán Loera comenzó a ser visto como el gran jefe del cártel de Sinaloa dispuesto a dominar el tráfico de drogas en Latinoamérica. Ese año Bruce Bagley, presidente de Estudios Internacionales de la Universidad de Miami, habló así de él: "El *Chapo* es claramente un psicópata dispuesto a involucrarse en elevados niveles de violencia, pero también es muy hábil para manejar esas turbulentas aguas".

A principios de este año la consultora estadunidense Stratfor Inteligencia Global colocó a El *Chapo* Guzmán como "el amo y señor" del narcotráfico en América Latina, y en un estudio sobre el

crecimiento del cártel de Sinaloa expuso que el narcotraficante sinaloense consolidaría su organización criminal durante 2011.

"En el transcurso de 2011 estaremos viendo signos de que la
Federación de Sinaloa y sus nuevos amigos podrían convertirse
en la entidad del crimen organizado dominante en México", dice
Stratfor. "La nueva federación, encabezada por el cártel de Sinaloa,
es una alianza entre grupos criminales que tienen como enemigo
común a Los Zetas, pero cada uno de sus miembros sigue operando sus respectivas rutas."

Stratfor establece también que en el cártel de Juárez, encabezado por Vicente Carrillo Fuentes, "acusan a la organización de Joaquín Guzmán Loera de recibir favores del gobierno".

Y añade: "La Federación de Sinaloa ha extendido e incrementa-
do su influencia de Tijuana hasta algunas partes de Río Grande, en
Texas, y tiene los mayores recursos a su disposición, lo que la convierte en el cártel más capaz de las organizaciones criminales de
México y en la más idónea para encabezar una alianza que pueda
consolidar el poder en regiones volátiles y convertirlas en estables".

No es todo: En marzo de este año, un cable difundido por Wi-
kiLeaks reveló que en 2009 el consulado de Estados Unidos en
Ciudad Juárez envió a Washington un informe detallado sobre
la narcoviolencia, según el cual existe la visión de que el Ejército
Mexicano "está cómodo" con dejar que los cárteles de Sinaloa y de
Juárez se debiliten mutuamente.

El cable fue enviado el 23 de enero de 2009 por el entonces cón-
sul Raymond McGrath y está catalogado como "sensible".

La entrevista con el *Times*

El tema de *El Chapo* y la necesidad de capturarlo fue abordado por
Felipe Calderón en una entrevista cuya versión resumida fue publicada por *The New York Times* el pasado 16 de octubre; la trans-
cripción completa en español se difundió un día después en su
sitio de internet.

Calderón afirmó que el jefe del cártel de Sinaloa vive en territorio estadunidense. A la pregunta de cómo la esposa de Guzmán
(Emma Coronel, quien el pasado 15 de agosto parió mellizas en el
hospital Antelope Valley de Lancaster, California) pudo viajar a territorio estadunidense sin ser perseguida y regresar a México, Calderón respondió:

"Eso habría que preguntárselo a las autoridades aduanales norteamericanas. Porque la aduana que tiene que cruzar para ir a Los Ángeles es la de Estados Unidos, no la de México. Y si *El Chapo* estuvo en Los Ángeles yo me pregunto: los americanos, por qué no lo atraparon. (...) Si la señora hubiera dado a luz en el hospital Ángeles... pues otra cosa sería."

En la entrevista Calderón afirmó categóricamente que *El Chapo* Guzmán no está en territorio mexicano. Y añadió: "Aquí lo sorprendente es que él o su esposa están tan tranquilos en Estados Unidos, lo cual me lleva a preguntarme: ¿cuántas familias o cuántos capos mexicanos estarán más tranquilos en el lado norte de la frontera que en el lado sur? ¿Qué lleva a *El Chapo* Guzmán a tener a su familia en Estados Unidos?".

Luego reconoció que *El Chapo* Guzmán como Heriberto Lazcano, jefe de *Los Zetas*, entre otros, "es gente que está muy protegida y gente que tiene redes de cobertura muy complejas. En el caso concreto de *El Chapo* sospechamos que tiene un área de influencia, que es la Sierra Madre Occidental, entre los estados de Chihuahua, Durango y Sinaloa, que le permite una gran movilidad y que cualquier operativo que hacemos para capturarlo, él tiene manera de detectarlo a decenas de kilómetros de distancia, a horas de distancia".

–¿Lo quiere vivo o muerto? –le preguntó *The New York Times*; Calderón respondió: "Yo no le deseo la muerte a nadie...".